Gina Davidson
Typisch Teenie!

SERIE PIPER

Zu diesem Buch

Treasure ist ein wahres Goldstück: Dreizehn Lenze jung, hat sie allen Charme, den Teenager aufbringen können. Sie hängt stundenlang an der Strippe, schwankt zwischen radikalem Vegetarismus und maßloser Fleischgier, liebt Jungs, Shopping und Partys und bekommt einen hysterischen Kreischanfall, wenn Mami es wagt, sich ihr – vor allem in Anwesenheit ihrer Freunde – auch nur zu nähern. Dies ist kein leichtes Spiel, selbst (oder gerade) für liberal-aufgeklärte Mütter. Gina Davidson schildert diese ganz normalen Teenagergeschichten im London der neunziger Jahre aus der Sicht der Mutter mit viel Charme, Witz und Selbstironie.

Gina Davidson studierte nach einer Lehrerausbildung englische Literatur des 18. Jahrhunderts. Sie wurde bekannt als Kurzgeschichtenautorin und Journalistin, besonders mit ihren witzigen Kolumnen einer Teenager-Mutter in der englischen Tageszeitung »The Guardian«. Sie lebt mit ihrer Tochter in London.

Gina Davidson

Typisch Teenie!

Eine Mutter packt aus

Aus dem Englischen von
Irene Nießen

Piper München Zürich

Deutsche Erstausgabe
1. Auflage Mai 1995
2. Auflage Februar 1996

Titel der englischen Originalausgabe:
»Treasure. The Trials of A Teenage Terror«,
Virago Press Ltd., London 1993

Umschlag: Büro Hamburg
Simone Leitenberger, Susanne Schmitt, Andrea Lühr
Umschlagabbildung: Marie Marcks
Foto Umschlagrückseite: Martin Slavin
Gesamtherstellung: Clausen & Bosse, Leck
Printed in Germany ISBN 3-492-22092-4

In Liebe für mein besonderes Goldstück, Amy,
und für Grandma und Grandpa

Das Telefon

Es ist Frühling, und die Teenager in unserer Straße flippen aus. An diesen hellen Abenden kann man sie durch die offenen Fenster sehen und hören: wie sie herumkreischen oder -schleichen, erstes Interesse für Sex, Drogen, Erwachsenenvideos und unappetitliche Freunde zeigen, Fußbälle herumkicken und die Alarmanlagen der Autos auslösen. Und die zukünftigen Porschefahrer unter den Jugendlichen sieht man jetzt manchmal lässig gegen den Vorgartenzaun gelehnt, das schnurlose Telefon zwischen Ohr und Schulter geklemmt.

In unserem Haus klingelt das Telefon erbarmungslos. Das Leben von Treasure, meinem Goldstück, hat eine neue Dimension bekommen. Sie kann per Telefon mit Leuten gehen, und sie kann sie wieder fallenlassen. Sie kann komplette Beziehungen ohne jeden physischen Kontakt pflegen. Einmal an der Strippe, verliert sie jedes Zeitgefühl – und sei's zum Höchsttarif: 38 Pence pro Minute.

Ich habe versucht, ihren Telefonmarathon zu begrenzen: zwischen acht und neun ist Treasures Telefonzeit, sonst – und das ist die schlimmste Drohung – muß ich zu ihren Anrufern unhöflich werden.

»Ich hasse dich«, kreischt das Goldstück. »Keine andere Mutter ist so ekelhaft und so boshaft.« Sie schämt sich meinetwegen sowieso schon zutiefst. »Alle wissen, daß ich eine Mutter habe, die eine rote Brille trägt und flucht«, weint sie. »Ich hasse dich.«

Sie hat meine Anweisungen nicht ganz verstanden. Denn sie geht davon aus, daß sie das Telefon zwischen acht und neun benutzen *muß*, nicht benutzen *kann*. Schlag acht hechtet sie an den Apparat und telefoniert auf Teufel komm raus. Sie ist so scharf auf Anrufe, daß sie den Hörer von der Gabel reißt, kaum daß das erste Klingeln ertönt. Sollte ich selbst nur mal ganz kurz während *ihrer* Zeit telefonieren müssen, um beispielsweise meine Nachbarin zu fragen, ob sie mir mit einer Möhre aushelfen kann, wird Treasure stinksauer. »Das ist MEINE Zeit«, brüllt sie.

Eines Abends um halb elf klingelt das Telefon. (Da Wochenende ist, gibt es so etwas wie Zubettgehzeit nicht.) Treasure schnappt sich den Hörer. »Hallo. Was? Hallo?« Sie hängt wieder ein und geht still und aschfahl zurück zum Sofa.

»Was gibt's?«

»Nichts.« Treasure ist mittlerweile fast grün im Gesicht.

»Was ist los?«

Ihre Miene beginnt sich jammervoll zu verziehen. Der Anruf kam von Lizzie ein paar Häuser weiter. Ein beleidigender Anruf. »Du Miststück. Was hast du über mich erzählt? Du blöde Kuh. Ich hasse dich, ich hasse dich.«

Die Geschichte klärt sich auf. Der-und-der hat dem-und-dem, der wiederum der ganzen Schule erzählt hat, daß Treasure gesagt hat, daß Lizzie eine Lesbe ist, was sie aber gar nicht wirklich gesagt hat, ehrlich, sie schwört's, sie hat es nicht gesagt, jedenfalls hat Lizzie Treasures Freunde angerufen und ihnen erzählt, daß Treasure eine Lügnerin ist und daß sie ihr alle ganz fürchterliche Briefe schreiben sollen.

»Sie hat alle meine Freunde angerufen und ihnen gesagt, sie sollen ekelhafte Sachen zu mir sagen, weil ich mit ihr seit damals nicht mehr gesprochen habe, als sie gesagt hat, wir sollten ins Kino gehen, und als ich dann bei ihr war, hat sie gesagt: ›Verschwinde. Du kannst nicht mit, weil Samantha kommt.‹«

»Das habe ich nicht verdient«, kreischt das Goldstück lauthals. »Womit habe ich das bloß verdient?« Sie trommelt mit den Fäusten auf das Sofa ein. Sie ist außer sich, vergiftet durch das Telefon. Ob diese Geschichte sie heilt? Nein. Im Morgengrauen hängt sie wieder an der Strippe, um bei M herauszufinden, was er zu R gesagt hat, und um L anzurufen, damit er allen anderen sagt..., und damit beginnt ein neuer Telefonmarathon.

Ich fahre zu Sainsburys. Der gestrige Abend war ruiniert, und heute morgen ist die Stimmung im Haus gespannt und das Telefon blockiert durch Treasures Drama. Als ich zurückkomme, sehe ich Treasure, Lizzie und zwei Nachbarjungen fröhlich und friedlich auf der Straße zusammen Tennis spielen.

»Alle Mädchen sind so«, sagt meine Nachbarin, Mrs. Perez. Ihre sind inzwischen zwanzig und einundzwanzig und schon aus dem Haus. Jungen sind offensichtlich anders, kürzer angebunden. Ich telefonierte mit einem von ihnen an jenem Nachmittag, als niemand zu Hause war.

»Ist deine Mutter da?«

»Nein.«

»Könntest du ihr bitte sagen, daß ich angerufen habe?«

»Hm.«

»Auf Wiederhören.«

»Hm.«

Ich hatte mir niemals vorher einen Sohn gewünscht.

Treasure geht ins Kino

Ein überraschender Anruf von Treasures Freundin Lizzie: Ob Treasure Lust hat, mit ins Kino zu gehen. Treasure hat Lust, und ich erlaube es ihr. Sie hat ausnahmsweise mal ihre Hausaufgaben gemacht, hockt sowieso nur vor der Flimmerkiste und hackt zwischendurch auf ihrem Gameboy rum. Das Kino ist zwar auch nichts anderes als ein größeres Glotz-Quadrat, aber immerhin kommen zehn Minuten Frischluft für Hin- und Rückweg dazu.

Sie setzen sich in Bewegung. Ich habe vergessen zu fragen, welchen Film sie sich ansehen wollen und wo. Ich schieße hinterher, barfuß. »Wo geht ihr hin?«

»Holloway Road.«

»Das Odeon?«

»Nein. Das andere.«

Zu spät dämmert es mir, daß es dort überhaupt kein anderes gibt. Ich sehe sie die Straße hinunter verschwinden, meine Haustür steht offen, der Hund kann raus und Halunken können rein, meine Füße sind eiskalt. »Welches Kino? Welcher Film? Wie lange dauert er?« schreie ich ihnen hinterher.

Ich stürme zurück ins Haus. Es ist dunkel, ich weiß nicht, wohin das Goldstück geht, ich bin eine schlampige Mutter, und die ganze Nachbarschaft weiß es. Warum habe ich ihr nur so einfach erlaubt wegzugehen? Schnell, rein ins Auto und nichts wie hinterher, um ihr all jene Fragen zu stellen, die mir als erstes hätten einfallen müssen. Da sind sie und huschen gerade um eine dunkle Ecke auf ihrem Weg zu dem unbekannten Kino. Ich folge ihnen langsam, nur mit Standlicht. Wo wollen die kleinen Kröten bloß hin? Sie bleiben unschlüssig stehen. Ich rufe vom Wagenfenster aus: »Wo geht ihr hin?«

Treasure sieht aus, als ob sie vor Scham im Boden versinken möchte. »Es ist meine Mutter«, stottert sie. »Meine Mutter verfolgt uns im Auto. Könnt ihr euch so was vorstellen?«

Zu Treasures größter Beschämung ist ein Junge dazugestoßen. Zwei Gleichgesinnte werden Zeuge ihrer schrecklichen Mutter, wie sie ihr im Auto hinterherspioniert.

»Meine Mutter verfolgt mich.« Treasure wiederholt die Worte gleich einer Beschwörungsformel, als wolle sie sich zwingen, die vernichtende Wahrheit zu begreifen. Entsetzt starrt sie mich an, während ihre Freunde im Hintergrund loskichern.

»Würdest du mich wohl in Ruhe lassen«, faucht sie. »Verschwinde. Ich kann's einfach nicht glauben.« Sie verdreht die Augen, und die Truppe setzt einmütig ein höhnisches Grinsen auf.

»Sag mir bloß, welchen Film du dir ansehen willst und in welchem Kino, und schon bin ich verschwunden.« Ich bin der Meinung, eine angemessene Bitte vorgetragen zu haben.

»Ich WEISS es nicht.« Treasure ist fuchsteufelswild. Sie findet meine Frage hochgradig dämlich. Sie schämt sich nicht im geringsten, daß ich sie beim Flunkern erwischt habe.

»Ins Cannon«, sagt Lizzie. »Da läuft *Curly Sue*.«

Treasure ist sprachlos. Eine derartige Demütigung hat sie noch nie erfahren. »Verschwinde«, stößt sie haßerfüllt hervor.

Heulend fahre ich nach Hause und rufe Lizzies Mutter an. Ich habe noch nie mit ihr gesprochen und bin auf eine ruhige, liberale Mama gefaßt, die weiß, wo ihre Tochter sich aufhält und der nicht einmal im Traum einfallen würde, ihrem Kind im Auto nachzuspionieren. Weit gefehlt! Die Frau ist verzweifelt. Sie schüttet mir ihr Herz aus, heult los wie ein Schloßhund, und ein freudiger Schauer durchläuft sie angesichts der Tatsache, daß es zumindest noch eine weitere unfähige und verhaßte Mutter gibt. Insgeheim hatte sie nämlich befürchtet, den ersten Platz bei der Wahl zur »fürchterlichsten Mutter Londons« zu belegen, und jetzt komme ich und beanspruche ihn für mich. Nein, weder hat sie eine Ahnung, was ihre Tochter vorhat, noch weiß sie, was sie treibt, mit wem sie sich trifft und wann sie nach Hause kommt. Sie hat sie einfach nicht mehr im Griff. Sie wird ebenfalls zum Narren gehalten, erntet süffisantes Grinsen, wird angefaucht und beschimpft. Und dann die Lügen. Diese ewige Lügerei.

Mein Herz erwärmt sich umgehend für diese Frau. Wir schließen einen Pakt. Wir wollen uns gegenseitig alles, was wir wissen, erzählen, alle Geschichten auf Ungereimtheiten gegenchecken, um den Mädchen auf die Schliche zu kommen – wir wollen die beiden von zwei Seiten in die Zange nehmen.

Genau in diesem Moment fliegt die Haustür auf – Treasure legt einen dramatischen Auftritt beziehungsweise Eintritt hin. Ich beende eiligst das Gespräch, während sie wütend und mit hochrotem Kopf in mein Zimmer stapft.

»Wie kannst du es wagen, mich zu verfolgen? Ich hasse dich. Ich habe mich dermaßen geschämt, daß ich nach Hause gehen mußte. Ich bin den ganzen Weg gelaufen, und jetzt gehe ich zu Jane. Hier bleibe ich nicht.« Wumm! Und schon wirbelt sie davon zu der jugendlichen Nachbarin mit ihren zarten sechsundzwanzig Lenzen, bei der sie hemmungslos über diese gemeine alte Ziege von Mutter herziehen kann. Ich rufe rasch Lizzies Mutter an, um ihr den neuesten Stand der Dinge – Name des Kinos, Film, wohlwollende Beteuerungen – durchzugeben, doch was für eine Erleichterung, daß *mein* Goldstück, wie unausstehlich auch immer, sicher zu Hause ist.

Kurze Zeit später steht sie wieder auf der Matte, schmeißt sich aufs Sofa und verhindert, daß ich mir die Fernsehnachrichten anschauen kann. Seltsamerweise scheint sich ihre Laune ein wenig gehoben zu haben. Sie wünscht sich eine heiße Schokolade, Schokobiskuits, zwei Bananen und einen Apfel, und dann gesteht sie alles. Ihre Freunde wollten gar nicht ins Kino gehen. Sie wollten in den Park, nach Hamstead Heath, um Zigaretten zu rauchen. Treasure, die wußte, daß dort ein verrückter Landstreicher haust und es in der Gegend gelegentlich zu Vergewaltigung, Mord und Kreuzigung kommt, hatte gekniffen und ihre grauenhafte Mutter vorgeschoben, der sie nun einen Hauch von Zuneigung entgegenbringt.

Aber es ist nur eine temporäre Begnadigung. Auf seinem Weg in die Unabhängigkeit tritt der Durchschnittsteenager die Erwachsenen kräftig mit Füßen. Und dabei stehen uns Examen, Sex, Drogen, Autos und Motorräder noch bevor.

Der Nachtclub

Treasures Ausflüge werden immer gefährlicher. Sie hat sich mit ein paar Fünfzehnjährigen angefreundet, die aussehen wie achtzehn und ohne weiteres in Nightclubs reinkommen. Treasure will morgen ins Strobe, Indie-Musik hören gehen. Das Ganze soll um halb elf starten und irgendwann vor dem Frühstück zu Ende sein.

Das Strobe liegt an der U-Bahn-Station, zwei Rausschmeißer der Sumo-Klasse bewachen die Tür, in den dunklen Eingängen drücken sich Massen von abgerissenen, kahlgeschorenen oder tätowierten Jugendlichen herum, die meisten von ihnen weißgesichtig, schwarzgekleidet und mit finsterem Blick.

»Kann ich morgen gehen, Mami? Lizzie, Rosie, Henry und Sam holen mich um zehn ab.«

Ich erlaube mir zu bemerken, daß zehn für eine Verabredung reichlich spät ist, und erkundige mich, wann sie gedenkt, nach Hause zu kommen. Dabei werfe ich Treasure einen strengen und entschlossenen Blick zu, den sie umgehend mißinterpretiert.

»Warum schaust du mich so an? Du vertraust mir nicht«, kreischt sie mit heiserer Stimme. Verwünschungen der obszönen Art ausstoßend, rauscht sie hinaus und donnert die Tür hinter sich zu. Sie hat mir *Miami Vice* verdorben. Sie kommt wieder und verdirbt mir den Nachrichtenüberblick.

»Warum darf ich nicht gehen? Alle anderen Mütter lassen ihre Kinder gehen. Die dürfen bis zwei bleiben.« In ihrer Wut hat Treasure nicht überrissen, daß ich sie lediglich gefragt hatte, wie lange sie bleiben will. Ich hatte ihr die Sache nicht generell verboten. Ich verlange die Telefonnummer von Rosies Mutter. Treasure knallt mir ihr Filofax vor die Nase und rasselt eine Litanei von Nummern herunter, als wäre sie bei der Gestapo. »Reicht das?« schnauzt sie mich eisig an. »Oder möchtest du noch ein paar mehr haben?«

Rosies Mutter ist mitnichten die sorglose Person, als die Treasure sie beschrieben hat. Sie ist mit mir einer Meinung, daß um Mitternacht Schluß sein sollte. Solchermaßen bestärkt, eröffne ich Treasure, daß ich und der Hund sie Schlag Mitternacht vor dem Strobe erwarten.

»Nein«, kreischt Treasure entsetzt und zerrt wie wild an meinem besten T-Shirt. »Du kommst *nicht.* Keine andere Mutter tut so was.« Sie wirft sich auf ihr Bett und heult vor Scham.

»Wenn du so weitermachst, gehst du nirgendwo mehr hin.«

»Und ob. Dann hau' ich eben ab. Und bleibe die ganze Nacht weg.«

Sie schwört, auf der Straße zu leben. Ich sage meine Verabredungen für Freitagabend ab, um an Ort und Stelle zu sein, bereit, entweder die Polizei zu rufen oder aber das Strobe höchstpersönlich zu stürmen. Erschöpft gehen Treasure und ich zu Bett.

Am nächsten Morgen setze ich meine Recherchen bezüglich des Strobe fort. Mrs. P.s Tochter, die älter und reifer ist, sagt, es ist recht sicher. Keine Drogen. Fast keine. Und das Mädchen von gegenüber aus einer anscheinend gutsituierten und stabilen Familie geht auch dorthin. Papa ist Lektor,

Mama Ärztin. Das Strobe scheint offensichtlich das Äquivalent zu den früheren Freizeitheimen zu sein und so sicher wie die Tanzveranstaltungen, zu denen ich im Glockenrock ging.

Zu guter Letzt läßt sich Treasure auf meine harten Bedingungen ein. Punkt zwölf kommt sie aus dem Strobe gehüpft. Sie wirkt verdächtig fröhlich, diesen Ort verlassen zu können.

»Und, wie war's?«

»Richtig nett. Sie haben uns fast nicht reingelassen, aber dann haben wir ›bitte, bitte‹ gemacht, und dann ging's. Ich dachte, wenn ich hinfalle, werde ich zertrampelt«, sagt sie lässig, »aber dann sah ich, wie eine hinfiel, und alle waren unheimlich nett und haben ihr aufgeholfen, und da habe ich mir keine Sorgen mehr gemacht.« Der Tanzstil schien sich durch heftiges Auf- und Abspringen auf der Stelle auszuzeichnen, vielleicht wegen des äußerst begrenzten Platzangebots. Treasure brauchte zwanzig Minuten, um sich zum Ausgang durchzukämpfen. Sie schnattert weiter: »Den Mann neben mir haben sie festgenommen, weil er sich einen Joint gedreht hat. Ich weiß gar nicht, wie sie ihn im Dunkeln haben sehen können. Ich glaube nicht, daß ich da noch mal hingehe.«

Ich war erleichtert, daß mein Goldstück diesem Höllenszenarium, diesem Rattenloch, unbeschadet entkommen war. Doch sie hatte mir freundlicherweise eine geschönte Variante des Abends geliefert. Die unzensierte Version drang am nächsten Tag an mein Ohr, als ich sie mit einer Freundin telefonieren hörte.

»Total scharf, aber alle ein bißchen durchgeknallt. Rosie hat ein Veilchen, ich bin mit einem anderen Schädel zusammengeknallt, und Lizzie und Marianne sind gefallen und halb totgetrampelt worden. Ich gehe nie mehr mit Clogs dahin.«

Ihre Pläne für das nächste Wochenende sind ziemlich zurückhaltend – am Samstag jobbt sie in einem kleinen Supermarkt, und zur Entspannung geht sie zum Synchronschwimmen.

Treasure wird nicht gewürdigt

Treasure hat einen Job. Schon seit Wochen hatte sie sich dahintergeklemmt. Vom ersten Augenblick an, als sie den neuen Mini-Markt an der Ecke entdeckt hatte, war sie hin und weg. Jeden Tag bombardierte sie den Geschäftsführer, ihr einen Job zu geben. Sie nahm Daisy mit und verdoppelte den Druck. Angesichts zweier potentieller Sklaven ließ der Geschäftsführer sich erweichen.

Als Treasure an ihrem ersten Samstag nach Hause kommt, ist sie vollkommen aus dem Häuschen vor Freude. Sie macht nur eine halbe Stunde Mittag, hat geschuftet wie eine Wahnsinnige, jedes Angebot, eine Kleinigkeit zu essen, verweigert und die Geschäftsführung mit ihren Fähigkeiten und ihrem Charme vollkommen verblüfft.

»Sie wollen mich an die Kasse setzen«, plappert sie während ihrer 10-Minuten-Turbo-Mittagspause. »Ich bin einfach zu schnell, sie sagen ›Engel‹ zu mir, und sie wollen, daß ich ihren Kindern Nachhilfe gebe.«

»Wieviel wollen sie dir zahlen?«

»Weiß ich nicht«, schnauzt sie. »Laß mich gefälligst in Ruhe.« Sie rauscht davon zu weiteren vier Stunden Sklavenarbeit. Das ist ein hartes Wochenende. Am Freitag bis Mitternacht im Strobe rumgehangen (Daisys Bruder hatte Freikarten), heute den ganzen Tag schuften, und heute abend verschwindet sie Richtung Golders Green. Ob ich sie mit dem Auto dorthin bringe? Und ihr ein bißchen Geld gebe? Langsam beginnt mir meine Rolle als Chauffeur und Goldesel zu mißfallen.

»Haben sie dich nicht bezahlt?«

»Nein. Ich komme zu spät. Ich krieg' mein Geld nächste Woche. Ich brauch' jetzt was für Daisys Geburtstagsgeschenk.«

Ich erkläre meinem Goldstück, daß ich kaum Bargeld in

der Tasche habe. Sie ist sofort auf hundertachtzig. Sie, das arme Kind, ist gezwungen, arbeiten zu gehen, während ihre Mutter sich als Lehrerin herumdrückt. »Warum kannst du dir nicht einen anständigen Job besorgen«, kreischt sie. »Du tust doch nie was.«

Schweigend und schmollend fahren wir zu Golders Green. An der verabredeten Stelle springt sie raus und wirft sich ins Party-Gewühl. Brav steht sie um Mitternacht wieder auf der Matte, allerdings mit vier Freunden im Schlepptau. In deren Anwesenheit geben Treasure und ich eine Episode aus *Ein Herz und eine Seele* mit Treasure in der Rolle »liebevolles und gehorsames Kind«. Verschwunden ist der Drachen vom Nachmittag.

»Wir sind sehr hungrig«, sagt sie ungeheuer kultiviert. »Darf ich Spaghetti machen?«

»Mach Spaghetti«, sage ich und verziehe mich ins Bett. Ich will Treasure nicht entmutigen. Sie ist ein gastfreundliches Kind. Es ist meine eigene Schuld. Ich habe sie früher dazu ermuntert. Vor Jahren kamen ihre kleinen Freundinnen, und sie haben mit Puppen gespielt, und Treasure hat ihnen Kekse und Saft angeboten. Heute sind ihre Freunde größer. Oft sind sie sogar sehr groß, sehr kräftig und sehr ausgehungert. Sie treten in Massen auf, fallen ein, wann immer es ihnen paßt, aber das ist kein Problem, denn Treasure kennt keine festen Essenszeiten mehr. Inzwischen ist der ganze Tag ein einziges potentielles Eß- und Imbißgelage. Treasure wird für ihre Freunde die Speisekammer großzügig plündern und im Handumdrehen den Monatsvorrat von Sainsburys verbrauchen.

Ich schaffe es, mich zu entspannen, indem ich geschickt sämtliche Gedanken an Treasure und ihre Freunde in der Küche aus meinem Hirn verbanne: kochendheißes Wasser, siedendes Öl, brennende Lichter und glühende Kochplatten, das Haus im Morgengrauen in Flammen stehend und die

Speisekammer leer. Meine besten Pralinen habe ich hinter dem Mehl versteckt. Ich schlafe ein, um von Treasure später geweckt zu werden.

»Mami.« Sie stößt die Tür zu meinem Schlafzimmer auf. 100-Watt-Lichtstrahlen dringen ein. Ich stelle mich schlafend.

»Mami.« Sie bleibt hartnäckig.

»Was ist?« Ich wache richtig auf und werfe einen Blick auf den Wecker. »Verdammt, es ist Viertel vor drei.« Meine Stimme hat einen donnernden Unterton. Er steigert sich zum Urschrei. »GEH INS BETT.«

Treasure ist von meiner Antwort geschockt. Nicht nur, daß sie sich ihren Lebensunterhalt verdient, nein, sie hat soeben auch noch ihre Freunde unterhalten und bekocht.

»Ich wollte dir nur einen Gutenachtkuß geben«, flüstert sie. »Ich habe mich so bemüht, gut zu sein.«

Frühling bei uns zu Hause

Treasure ist, was den Hund betrifft, reichlich intolerant geworden. Sein Gesabbere und Gebelle, während wir essen, macht sie wahnsinnig. Sie brüllt das Tier gnadenlos an, scheucht es aus dem Zimmer.

»Raus hier«, schreit sie. »Ich halt's nicht mehr aus.«

Ich verstehe ihren Ekel. Der Hund ist nicht gerade die Krönung einer Dinnerparty. Von seinem Kiefer tropft der Geifer, der sich auf Teppich oder Fliesen zu einer schleimigen Pfütze formt. Bellt er, reißt der Sabber auseinander, und klebrige Tropfen fliegen durch die Gegend, die manchmal auf Kleidungsstücken und sogar auf dem Tisch landen. Ich gebe zu, ich habe den Hund schlecht erzogen. Er hat nun damit angefangen, beim Sabbern einen Blick aufzusetzen, der eher anklagend und tragisch ist als aggressiv. Er ist niemals zufrieden und er begehrt alle nur denkbaren Lebensmittel. Jüngst hat er seine Liebe zu Melonen, Avocado und Kiwi entdeckt. Er jault herzzerreißend, wenn ihm diese Köstlichkeiten verwehrt werden, stößt fast Vokale aus. Ich spüre, daß man dem Tier Sprechen beibringen könnte. Er ist ein engelgleiches Wesen, und die Sabberei ist sein einziger Makel. Für dieses naturgegebene Problem kann ich den Hund nicht bestrafen.

Der Untermieter verabscheut meine Toleranz gegenüber den abstoßenden Gewohnheiten des Hundes sehr. Ich spüre, daß er eifersüchtig ist. Das juckt mich nicht. Der Hund spielt in unserem Haus eine bedeutende Rolle. Er schlägt Einbrecher in die Flucht und hat mir gerade neulich erst geholfen, das Laster zu bekämpfen.

Treasures Gang hatte auf ihrem Weg ins Strobe Zwischenstation bei uns gemacht. Während meiner Abwesenheit hatten sie das Wohnzimmer mit Beschlag belegt, und als ich zurückkehrte, sah ich sie im Dunkeln ein Horrorvideo gucken. Im zwielichtigen Flimmern erkannte ich die Silhouette von Pärchen, die romantisch miteinander verschlungen waren. Blitzschnell jagte ich den Hund hinein, um sie auseinanderzubringen. Denn sobald das Tier entdeckt, daß erotikmäßig irgend etwas abgeht, will es mitmachen; es springt auf und will die Akteure ablecken. Der Hund wiegt fast dreißig Kilo, und seine Liebkosungen sind nur selten willkommen.

Ein Aufschrei folgte, und danach gab es keine Pärchen mehr. Das ist möglicherweise gut so. In meiner Jugend hat uns unser Schulleiter vor Paaren gewarnt.

»Ein Paar ist eine wirkungslose Einheit«, pflegte er streng zu sagen. »Bildet eine Gang.«

Aber Treasure und ihre Freunde sind nicht die einzigen. Vielleicht liegt es am Frühling. Heute morgen vernehme ich merkwürdige Töne im Garten und bemerke eine Unruhe im Teich. Massen von Fröschen hocken dort innig umklammert in der Sonne und surren. Der Hund und ich haben sie beobachtet. Der Untermieter taucht auf und verdirbt mir mit seinen abgeschmackten Bemerkungen das Vergnügen. Ich befehle ihm, den Garten zu verlassen. Treasure ist mit ihren Kumpels im Park, so daß sie dieses einzigartige Schauspiel in unserem eigenen kleinen Park verpaßt. Ich habe gehört, wie sie es auf Radio 4 nennen. Unsere Frösche sind offensichtlich in »einem Zustand sexueller Raserei«. Glücklicherweise kommt Treasure rechtzeitig nach Hause, so daß sie noch Zeugin dieses Ereignisses werden kann. Ich alarmiere sie, kaum daß sie die Tür aufgemacht hat.

»Komm und schau dir die Frösche an. Das mußt du sehen.«

»Einen Augenblick.« Treasure gibt sich blasiert. »Wer hat für mich angerufen?«

Ich rasple eine Litanei von Namen herunter. Treasure muß sie natürlich alle anrufen, ehe sie zu den Fröschen geht. Schließlich kommt sie lässig in den Garten geschlendert. Selbst sie ist beeindruckt. Sie liefert Lizzie durchs Telefon eine ziemlich unschöne Beschreibung der Ereignisse.

»Stell dir vor, sämtliche Frösche in unserem Garten vögeln. Es sind so viele, daß du das Wasser im Teich nicht mehr sehen kannst.«

Um zwei machen die Frösche eine Pause. Entweder sind sie erschöpft oder aber durch die vulgären Kommentare des Untermieters und meiner Tochter gekränkt. Ich bin hinreichend enttäuscht von den primitiven Antworten auf das, was für mich eine der Freuden des Frühlings ist. Der Hund schmiegt sich, von den Fröschen animiert, an meine Füße. Gefühle rein geistiger oder ästhetischer Natur fallen mir jetzt schwer.

Treasures Taschengeld

Treasure ist die geborene Verschwenderin. Deshalb braucht sie ein Vermögen. Geld ist ihr Lebenselixier, ohne das sie aufgeschmissen ist. Sie gibt es aus, verleiht es, spendet es, verliert es. Sie kauft Süßigkeiten, Eintrittskarten, Make-up, Sonderangebote und Geschenke. Sie ist ein Brunnen, gefüllt mit Taschengeld, und ich bin die Quelle ihres Reichtums – der magische Haferbreitopf. Treasure sagt das Schlüsselwort, und schon fließt mehr Taschengeld. Käme es nicht, wäre sie eine Gefangene im eigenen Haus, eine unangenehme Aussicht für uns beide.

»Ich muß was haben«, bettelt sie. »Ich brauche es. Ich mußte die Taxifahrt allein bezahlen, weil niemand von den anderen Geld dabeihatte. Aber ich krieg's zurück.«

»Gut. Dann wirst du ja Geld haben.«

»Aber ich habe nicht genug, um zu *ihnen* zu kommen.« Treasure ist mit ihrem Latein am Ende. »Du weißt ja nicht, was ich an Fahrgeld ausgebe.« Sie spricht mit einer Ignorantin. »Fahrten sind sehr teuer.« Sie braucht immer dringend Geld. In diesem Monat war es ganz besonders dringend, weil Peter Geburtstag hatte und Chloe Geburtstag hatte *und* sie Ostereier kaufen mußte.

Es interessiert mich sehr, wieviel Taschengeld ihre Freunde bekommen. Treasure weiß es nicht. Ihre Freunde wissen es auch nicht. Sie geraten durcheinander, wenn sie gefragt werden. Sie erinnern sich nicht einmal, ob sie für ihr Taschengeld irgendwelche eigenartigen Arbeiten im Haushalt verrichten müssen. Dieses Thema ist eine mysteriöse Grauzone.

Treasure soll bestimmte Hausarbeiten erledigen, um sich ihr Geld zu verdienen. Sie weigert sich nicht. Sie will sie erledigen, das verspricht sie, aber sie hat andere, weitaus dringendere Pflichten – in ihrem Zimmer tanzen, mit dem Hund schmusen, mit Rosie telefonieren, schlafen. Dank meiner schwachen Art habe ich diesen Regeln nicht immer Geltung verschafft. Natürlich haben Leute das kritisiert. »Du machst dich selbst zum Narren«, schimpft Grandma. Sie vergleicht ihre träge Enkeltochter mit den Mädchen, die früher nebenan wohnten. In Grandmas Augen waren sie vorbildlich. Sie schälten Kartoffeln, machten die Betten, spülten, gaben nie Widerworte. Da sie bei mir die Hoffnung aufgegeben hat, versucht sie es bei Treasure.

»Es gibt nur eine Sache, um die ich dich bitte«, bettelt sie Treasure melodramatisch an. »Hilf deiner Mutter. Das ist alles, was ich von dir möchte.«

Diese Bitte bringt Treasure mit schöner Regelmäßigkeit in Rage. Grandmas Wünsche haben sich nie erfüllt. Ungeachtet dessen bekommt sie weiterhin Taschengeld. Zumindest ist Treasure ein großzügiges Kind. Den Löwenanteil ihres Geldes gibt sie für Geschenke aus. Ich profitiere von ihrem Taschengeld. Ich habe sogar eine Teemaschine mit Zeitautomatik. Sie schenkt mir Pralinen, Blumen, Kassetten, und meine Geburtstage sind wahrhaft verschwenderische Angelegenheiten. Nichtsdestotrotz habe ich dann und wann das Taschengeld gekürzt, wenn ich der Meinung war, Treasures Benehmen hätte die Grenze des Erträglichen überschritten. Aber dieser Trick funktioniert nicht mehr. Treasure hat eine neue Quelle. Die Bank. Die gemeine Bank hat Treasure mit einer Bargeldkarte und tonnenweisen Geschenken in Versuchung geführt. Die Werbung lief übers Fernsehen. Ihr gesamtes gespartes Geburtstags- und Weihnachtsgeld kann jetzt mir nichts, dir nichts verplempert werden. Die Bank möchte unbedingt, daß Treasure vollwertiges Mitglied im nationalen Club der Schuldenmacher wird. Zur Sparsamkeit ermutigt sie nicht. Diesem Gegner bin ich nicht gewachsen. Ich träume, daß mich eines Tages, wenn Treasures Ersparnisse verbraucht sind und ich pleite bin, die pure Notwendigkeit dazu zwingen wird, mit dem Taschengeld streng zu sein.

Treasure muß meine Gedanken erraten haben. »Ich möchte nicht, daß du mir mein ganzes Taschengeld gibst«, sagt sie aus heiterem Himmel. »Ich will es sparen. Ich möchte, daß du es in das Sparschwein in deinem Zimmer tust, damit ich nicht dran kann.« Sie stopft einen Fünfer ins Schwein. »Kann ich einen kleinen Vorschuß auf mein Taschengeld bekommen? Ich brauche drei Pfund. Unbedingt.«

»Aber du hast doch fünf.«

»Die kann ich nicht ausgeben«, sagt Treasure. »Die will ich doch sparen.«

Die Mädchen von nebenan

Grandma ist von den Mädchen von nebenan immer äußerst beeindruckt gewesen. »Diese Mädchen wissen, wie man sich benimmt«, sagte sie, als sie im Garten saß und Haarkränze aus weißen Winden flocht. Sie drehte die Stränge zu Kreisen und legte sie auf Chrissies und Elenas wunderbares schwarzes Haupt mit den langen, offenen Haaren, frisch gewaschen und luftgetrocknet, und es sah entzückend aus. Grandma war umgeben von Engeln. Treasure, die erst acht war, bekam ebenfalls einen Haarkranz, aber Grandma gab zu verstehen, daß sie ihn nicht wirklich verdient hatte.

»Ich bete zu Gott, daß ich noch miterleben darf, wie du deiner Mutter hilfst«, sagte sie ziemlich dramatisch.

Treasure gelang es trotzdem, mit den Mädchen befreundet zu bleiben. Dann zog die Familie um, und mein Goldstück vermißte die beiden schrecklich. Sie waren jahrelang ihre besten Freundinnen gewesen und hatten stundenlang Barbie mit ihr gespielt. Ihre Abreise war für alle sehr schwer.

Die Mädchen hätte man hier jetzt gut gebrauchen können. Mrs. Rodrigo hatte zufällig einmal mitbekommen, wie sie sich über Sex unterhielten. Sie saß am Küchenfenster, und die Stimmen der Mädchen drangen vom Garten zu ihr herein.

»Bäh«, sagte Chrissie. »Ich werde nie zulassen, daß jemand das mit mir macht. Es ist mir egal, wenn ich keine Babys bekomm'. *Das* werde ich nie tun.« Sollte Chrissie bei dieser Einstellung geblieben sein, hätte sie einen nützlichen Einfluß auf Treasure ausüben können. Gegenwärtig äußert Treasure keine derartigen Ekelgefühle. Sie stürzt sich Hals über Kopf auf die Jungs. Ein Freund ist ein Muß, jedenfalls für Treasure.

»Dein Bekannter hat angerufen«, sagte ich neulich zu ihr. Treasure ging sofort an die Decke.

»Mein FREUND«, herrschte sie mich an. »Warum kriegst du das nicht raus? Andere Mütter schaffen das. FREUND.«

Ich habe immer noch nicht genau herausgefunden, welche Art von Freundschaft dieser Begriff impliziert. Ich war ziemlich verblüfft, als Treasure letztes Jahr davon sprach, mit jemandem zu gehen, aber keinen richtigen Freund hatte. Mrs. B. hat versucht, es mir zu erklären. Sie weiß es von ihrer Tochter, einem mitteilsameren und weniger gereizten Mädchen. »Gehen« bedeutet, daß man, ohne wirklich zu gehen im Sinne eines Bewegungsablaufs, also auch ohne »auszugehen«, mit niemand anderem »gehen« kann. Diese Beziehungen sind sehr ernsthaft. Offensichtlich war es ein großer Fehler von mir, sie nicht zu beachten.

Die Mädchen von nebenan durften an so etwas nicht mal denken. Ihr spanischer Vater überwachte sie streng. Keine Übernachtung bei Freundinnen, nicht mal bei uns, keine Babysitter (was bedeutete, daß Mrs. Rodrigo auch nicht raus kam), nicht einmal die Haare durften sie sich schneiden lassen. Das tat Mrs. Rodrigo immer heimlich. Ich frage mich, ob diese Erziehung Früchte getragen hat.

Der Musterknabe

Mrs. Perez, meine Nachbarin, ist unheimlich stolz auf ihren Sohn. Sein Zeugnis weist ihn als perfekt aus. Es wimmelt nur so von Einsern. Er hatte schon immer etwas Mustergültiges. Er singt im Chor, sitzt, während er seine Hausaufgabe macht, anständig an seinem Schreibtisch, ist niemals unhöflich oder beleidigend, ist nett zu Mama und Papa und bleibt nie zu lange weg oder besucht das Strobe. Mrs. P. ist unendlich erleichtert. Sie hatte sich schon Sorgen gemacht, ob sie auch ein unzulängliches Elternteil wäre, weil ihre großen Mädchen als Jugendliche ziemlich wild waren, aber jetzt hat sie einen Diamanten produziert.

»Wie konnte ein solches Kind aus dieser schäbigen Umgebung hervorgehen?« fragt mich Mrs. Perez, überwältigt von ihrem Glück. Sie läßt ihren Blick über das Wohnzimmer schweifen, das ihr billig vorkommt. Wenn sie in dem zur Straße gelegenen Schlafzimmer steht und aus dem Fenster schaut, sieht sie drüben auf der anderen Seite anständige Familien in schicken Häusern mit Südgarten. Dann und wann sieht sie den Ehemann der Therapeutin mit Tüten und Kind beladen von Sainsburys kommen und die Architekten in ihrem Jeep fürs Wochenende nach Kent aufbrechen.

Vor vier Jahren hat die Stadt auf beiden Seiten der Straße Bäume gepflanzt, die im Frühjahr weiße Blüten tragen. Ein Passant würde keinen Unterschied feststellen können, aber Mrs. P. und mir schien, daß auf unserer Straßenseite der Großteil der Bewohner irgendwie mit Fehlern behaftet ist. Unsere Seite war die der zerbrochenen Ehen, beleidigten Ehemänner, verschmähten Frauen, undichten Dächern, unkontrollierbaren Teenagern, Trotzphasenkindern und schmuddeligen Haustieren.

Die Begrenzungen zwischen den dunklen Hintergärten haben sich in ihre Einzelteile aufgelöst, und in Treasures

Kindheit fegten Katzen, Kaninchen und Meerschweinchen herum und versauten und verwüsteten die Grundstücke. An Wochenenden, in den Ferien und spätnachmittags tobten die Kinder der sechs Nachbarhäuser durch die Gärten, balancierten über die Abschlußmauer, kletterten von allen Seiten und in jeder Richtung über die zerbröckelnden Mauerteile, ruinierten die spärlichen Reste und zertrampelten die letzten Stückchen Rasen.

Es war ein Paradies für Kinder. Treasure liebte es – ein 7-Gärten-Spielplatz mit Freunden, Schaukeln, Tarzanleinen und Teichen für Kaulquappen. Doch Mrs. Perez hatte das Gefühl, daß es für *ihre* Kinder, wenn sie die Gärten verließen und ins Haus kamen, so war, als beträten sie ein Loch, in dem ihre Mutter herumschlurft und es gerade noch schafft, sich ums Essen zu kümmern und die Klamotten zu waschen.

Dieses deprimierende Gefühl hielt über Jahre hinweg an. Jetzt fühlt Mrs. P. sich besser. Sie hat andere Freuden. Morgens, wenn der Ehemann noch schläft oder schon weg ist, bereitet sie sich ihr Frühstück: frisch aufgebrühten Kaffee, serviert in einer Porzellantasse (und nicht in einem von diesen Kübeln), warmen Toast, dick mit Butter und Marmelade bestrichen, manchmal auch ein gekochtes Ei. An wunderbaren Sommermorgen habe ich sie zuweilen auch im Garten frühstücken sehen. Der Rasen ist dicht und samtig, der Flieder rundlich und intensiv duftend, das Geißblatt und andere Sträucher blühend und die Pfingstrosen fett und rot. Hin und wieder schläft sie nachmittags nach der Arbeit auf einer Liege, fängt die letzten Sonnenstrahlen ein, und es ist hier ebenso schön wie auf der anderen Straßenseite. Ihr Garten war der letzte von den sieben, und darin wurde immer am wenigsten gespielt. Kinder kletterten über die Mauer, holten den Perez-Jungen ab und nahmen ihn zum Schaukeln und Spielen mit in die anderen Gärten. Und das Ergebnis? Ein glatter Erfolg ist er geworden.

Treasures Nacht außer Haus

Treasure wird eine Nacht bei ihrer Freundin verbringen. Sie ist schon oft dort gewesen, fühlt sich dort ziemlich wohl und sicher. Demzufolge will ich mir einen schönen Abend machen. Es ist sechs Uhr, ich bin gerade einem wohlriechenden Entspannungsbad entstiegen und mache mich fertig fürs Theater. Treasure ruft an. Ihre Stimme klingt ziemlich matt.

»Hallo, Mami.«

»Alles in Ordnung?«

»Ja«, klingt es schwach.

»Gefällt es dir?«

»Ja«, klingt es noch schwächer.

»Was ist los? Wo ist Daisy?«

»Sie ist bei ihrem Bruder im Zimmer und redet mit seinen Freunden. Ich wollte dich nur mal anrufen.«

Ein rätselhaftes Benehmen von Treasure, die normalerweise scharf darauf ist, in ihrem gesellschaftlichen Leben möglichst wenig mit ihrer Mutter zu tun zu haben.

»Kannst du nicht in das Zimmer des Bruders gehen? Stimmt irgendwas nicht?«

Treasures Stimme verdünnt sich zu einem Flüstern. »Sie nehmen Drogen.«

»Was für Drogen?« Mir jagt ein kalter Schauer den Rücken herunter.

»Sie nennen es ›Joint‹«, zischt Treasure in den Hörer.

»Es ist nicht gefährlich«, sage ich ruhig. »Aber laß die Finger davon.«

»Daisys Augen sind ganz weiß, und sie fällt immer um«, sagt Treasure, die sich langsam für ihr Thema erwärmt. »Und alle lachen ständig.«

»Mach dir keine Sorgen«, weise ich sie leise schwitzend an. »Wann kommt ihre Mutter nach Hause?«

Die Mutter soll in einer halben Stunde da sein. Ich möchte

das Theater nicht sausenlassen und nach Stoke Newington rasen, um Treasure aus der Junior-Opiumhöhle zu retten. Ich beruhige sie. Bis ich da bin, wird die Mutter von der Arbeit nach Hause gekommen sein, die Drogen sind versteckt, Treasure liegt auf Daisys Sofabett gekuschelt, versorgt mit Pizza und Videos, genau wie beim letzten Mal. Treasure scheint erleichtert. Eigentlich will sie nicht, daß ihre Mami rübergeschwirrt kommt und sie aufgabelt. Sie möchte am frühen Morgen abgeholt werden. Sie verspricht, keine Drogen zu nehmen und auf die Mutter zu warten.

Es mußte passieren. Dreizehn ist vielleicht ziemlich jung, aber das ist London in den neunziger Jahren, wo Sex, Drogen, Aids, Vergewaltigung, Ecstasy und Verderben den Durchschnittsteenager erwarten. Treasure berichtet wenigstens noch über die ersten Anzeichen. Ich gehe aus und versuche, den Abend zu genießen.

Am nächsten Morgen um neun Uhr hole ich Treasure ab. Alles schläft. Ich wecke sie auf, indem ich gegen das Fenster hämmere. Die Mutter ist anwesend, Treasure lächelt freundlich, alles scheint in bester Ordnung zu sein. Bis wir im Auto sitzen. Treasure ist eine geniale Schauspielerin. Ihr Lächeln war geheuchelt, hinter ihrer Ruhe lauerte der pure Aufruhr. Sobald wir losfahren, explodiert sie.

»Hast du ihre Mutter gerochen? Ihre Mutter stinkt. Das mußt du doch gemerkt haben.«

Ich hatte es nicht bemerkt. Für mich hatte alles ganz passabel gerochen. Doch die Mutter hatte sich in jeder Beziehung schändlich benommen. Sie war zwar zur verabredeten Zeit nach Hause gekommen, doch nur, um schnurstracks in das Zimmer des Bruders zu sausen und sich selbst einen Joint reinzuziehen. Was noch schlimmer war, sie hatte Alkohol, aber nichts zu essen mit nach Hause gebracht. Keine Snacks waren vorbereitet, keine Früchte, kein Abendessen, nicht mal ein Stückchen Brot, um ein Sandwich zu machen. Nur Alkohol. Treasure war angewidert und aß schließlich Müsli. Weiter, berichtete Treasure, verschwand die Mutter im Laufe des Abends wieder, um mit einem Freund zurückzukommen, und dann konnte man fürchterliche Geräusche aus dem Schlafzimmer hören. Meine eigenen Vergehen sind nichts im Vergleich zu den Sünden von Daisys Mutter – Schreckgespenst von einer Mutter –, der Mangel an Snackvorräten das Furchtbarste überhaupt, schlimmer als Drogen, Alkohol, Sex und der Geruch. Hier haben wir eine Frau, die ganztags arbeitet, sich alleine um zwei pampige Teenager kümmert und sich samstags abends ein paar Freuden gestattet. Ich hasse es, zu kritisieren. Und sie hat mir einen Gefallen getan. In Treasures Augen bin ich, wenn auch nur kurz, mustergültig. Ich bin relativ geruchlos, horte riesige Mengen an Lebensmittelvorräten, trinke kaum, nehme keine Drogen, und aus meinem Schlafzimmer kommen niemals unanständige Geräusche.

Treasure und der Musterknabe

Treasure hat eine merkwürdige Beziehung zu dem Musterknaben. Mal ist sie seine Freundin, und mal ist sie es nicht. Der Junge tut nichts, was dieses Verhalten beeinflussen könnte. Er ist immer derselbe. Treasure hingegen ist ein Geschöpf ihrer Stimmungen. Mal kommt sie fröhlich angetrabt und fragt ihn, ob er mit ihr Rollschuh laufen geht oder in der gesperrten Straße Tennis spielt, mal weckt sie ihn im Morgengrauen, befiehlt ihm, sich anzuziehen und Rollschuh laufen zu gehen, und mal verweigert sie Rollschuhlaufen ganz und gar. Der Junge weiß nie, was ihn erwartet. Seine Hoffnungen werden genährt und zerstört gemäß den Unwägbarkeiten und Launen von Treasures Tagesplan. Dann zieht er sich auf sein Sofa zurück und schaut ruhig fern.

Als die beiden klein waren, kam es zu Handgreiflichkeiten, Stößen vom Dreirad und Raufereien um die Tarzanleine, aber heute gehen Treasure und der Knabe kultivierter miteinander um.

Als ich an einem kühlen Abend nach Hause komme, sehe ich Treasure wie eine Verrückte über den Bürgersteig fegen. »Harry klemmt fest«, erklärt sie mir und versucht, ihre Hysterie unter Kontrolle zu halten. »Du mußt ihm helfen.« Ich nähere mich durch das vordere Gartentor. Die obere Hälfte des Perez-Jungen schaut aus unserem Kohlenloch heraus. Zwar ist er blaß und durchgefroren, doch hat er ein tapferes Lächeln auf den Lippen. Treasure hat ihren Schlüssel vergessen, und sie hatten sich daran erinnert, wie sie früher durch das Kohlenloch geklettert waren.

Mutig war der Knabe zuerst geklettert. Doch er hatte vergessen, daß er inzwischen größer geworden war. Auf halber Strecke war er steckengeblieben, die Taille eingeklemmt, die Beine hilflos in der Luft baumelnd. Ich versuche ihn herauszuziehen. Er zuckt zusammen vor Schmerzen und beißt mannhaft die Zähne zusammen.

»Du mußt ihn rausholen«, sagt Treasure und fegt aufgeregt um das Kohlenloch.

Ich eile hinunter in den Keller und versuche, mir eine Lösung zu überlegen, ehe ich die Feuerwehr rufe. Das ist ein spannungsgeladener Moment. Da baumeln seine Beine. Ich staple Kisten darunter. Treasure beruhigt ihn von oben, ich von unten. Mit den Füßen wieder auf festem Grund, kann er sich schließlich abdrücken und befreien. Schamrot läuft er nach Hause. Bei solchen Gelegenheiten macht er sich bei Treasure beliebt.

Treasure macht Hausaufgaben

Treasure hat merkwürdige Schwierigkeiten mit Französisch. Nicht ums Verrecken kann sie ein einziges Verb im Kopf behalten. Nach zwei Jahren Französischunterricht hat sie immer noch Probleme mit den Bindewörtern. Erst letzte Woche hatte sie die französische Version von »und« vergessen. Sie kann sich die lyrischen Passagen des gesamten Werks der Popgruppe Madness merken, sie erinnert sich an jedes Wort eines einstündigen Telefonats, und sie beherrscht sieben Dutzend italienische Schimpfworte, die sie im Urlaub aufgeschnappt hat wie ein dressierter Papagei, aber Französisch kann sie sich nicht merken. Treasures Selbstmotivierung ist nur selektiv.

»Hilf mir«, schreit sie befehlend aus dem Wohnzimmer. »Du mußt mir helfen.« Vor Panik ist sie puterrot. »Ich komme ohne dich nicht weiter. Bleib hier.«

Ich bleibe, teste sie und frage Vokabeln ab. Tut Treasure nur so, als wäre sie dumm wie Bohnenstroh? Oder handelt es sich um eine angeborene Schwäche? Treasure rezitiert französisch mit starkem englischen Akzent und unheimlich laut und donnernd. Immer falsch. Ganz gleich, wie oft sie es wiederholt, es wird nicht besser. Wie kommt die Lehrerin damit zurecht? Ich kann ihr keinen Vorwurf machen. Sie ist Französin, hat eine Engelsgeduld und einen tadellosen Geschmack, was Ohrringe angeht. Von einem vereinten Europa wird Treasure niemals profitieren.

»Probier mal, jedes Wort viermal niederzuschreiben«, rate ich ihr in einem Tonfall, den ich als unterstützend und verständnisvoll einordne. Scharfsinnig wie sie ist, hat Treasure gemerkt, daß hinter der Maske der zivilisierten und hilfsbereiten Gesten und Worte eine enttäuschte, wütende und ehrgeizige Mutter lauert.

»Du hältst mich für doof«, kreischt sie wütend. »Hau ab!

Laß mich allein. Warum kannst du mir nicht richtig helfen? Warum nicht?«

Ich lasse Treasure allein. Ihre Schreie werden immer verzweifelter. »Komm zurück. Du mußt mir helfen.«

Ob ich es wagen kann, den Raum wieder zu betreten? Ich fühle mich kurz vor einem Herzinfarkt – rasender Puls, anschwellende Adern, Atemnot. Andere Eltern sind in der Lage, ihren Kindern auf ruhige Art und Weise zu helfen. Ich nicht. Ich erkenne, daß Treasure in einer wenig beneidenswerten Position steckt. Sie ist ein heranwachsendes Kind mit einer launischen Mutter in den Wechseljahren. Ich atme tief durch, versuche eine Erwachsene nachzuahmen und betrete die Folterkammer. Treasure ist heulend inmitten eines Haufens von Hausaufgaben auf dem Boden zusammengebrochen. Sie hat ihren fünften Zirkel kaputtgetrampelt.

Gefühlsmäßig erschöpft, legen Treasure und ich eine Pause ein, setzen uns vors Fernsehen und starten eine Aufbaukur. Treasure bekommt eine heiße Schokolade und ihren Teddy. Sie ist eine Invalide, die sich von einem Trauma erholt. Am Ende der Fernsehsendung wiederholt sie schwach ein Verb.

»Ich hab's behalten«, flüstert sie. Sie ißt eine Banane. Sie sammelt Kräfte. Mutig schwankt sie vom Sofa, läßt sich auf dem Teppich nieder und schreibt ein paar französische Worte. Als es Zeit wird, ins Bett zu gehen, sind wir beide unheimlich nett zueinander.

Überrumpelt von Treasures liebevoller Haltung während der letzten eineinhalb Stunden, beuge ich mich über sie und gebe ihr einen Gutenachtkuß.

»Küß mich nicht«, bittet sie verzweifelt und kauert sich in eine Ecke des Bettes. »Wo ist er? Wo ist er?« flüstert sie und wühlt wie verrückt in dem Regal neben ihrem Bett. »Mein Inhalator. Wo ist er? Du riechst so entsetzlich, du hast mich mit Asthma angesteckt.«

Treasure sinkt wie ein schwindsüchtiger Poet zurück in ihre

Kissen. »Was hast du gegessen?« Sie drückt auf den Inhalator und stöhnt leise. Sind es die Frühlingszwiebeln, oder legt sie es darauf an, einen Tag in der Schule zu fehlen? Morgen ist die Französisch-Prüfung.

Der Wonderbra

Treasure ist verrückt nach einem Wonderbra. Lizzie hat einen, also muß sie auch einen haben. Ich bin einigermaßen beeindruckt von Treasures Selbstvertrauen, was ihre körperliche Seite angeht. In ihrem Alter war ich platt wie ein Brett und wollte es auch bleiben. Als mein Busen wuchs, versuchte ich ihn unter weiten Pullovern zu verstecken, ließ die Schultern hängen und kam mir doof vor. Und jetzt fordert mein Goldstück geradeheraus einen Wonderbra.

In ganz Holloway ist kein einziger mehr aufzutreiben. Also gehen wir zu Fenwicks. O Elend! Sie haben keinen in Treasures Größe. Aber sie kann es nicht ertragen, den Laden ohne so ein Superding zu verlassen.

»Kauf du dir einen, Mama«, bettelt das Goldstück. »Komm schon. Probier einen an.«

Ich probiere einen an. Teste das Ding mit und ohne die unterstützenden Stückchen Schaumstoff. Es schaut beide Male unanständig aus. Der Apparat ist so konstruiert, daß er die Brüste wie zwei Luftballons unter meinen Hals schiebt. Ich sehe aus wie frisch aus dem Playboy. Treasure ist begeistert.

»Kauf ihn, Mama«, befiehlt sie. »Du mußt ihn kaufen.«

»Das sieht blöd aus«, sage ich, wenngleich ich insgeheim von meinem neuen Look ziemlich begeistert bin. Ganz offensichtlich brauche ich eine Auswahl an raffinierten neuen Büstenhaltern. Treasure ruft die Verkäuferin.

»Madame braucht keinen Wonderbra«, stellt die Verkäuferin kategorisch fest. »Madame hat ein natürliches Dekolleté.« Treasure gerät vollkommen aus dem Häuschen. Ich ebenfalls. Ich probiere weitere reizende Büstenhalter an. Die Verkäuferin kommt zurück.

»Madame ist so schlank«, sagt sie bewundernd. Dieses Wort ist in der Vergangenheit niemals mit mir in Verbindung gebracht worden. Der Lobgesang steigt mir ziemlich zu Kopf. Ich kaufe zwei Büstenhalter Marke »Leidenschaft«, einen schwarzen und einen weißen, und die dazu passenden Spitzenunterhosen.

Mein Goldstück ist ziemlich mit sich zufrieden. Auf ihr Betreiben hin habe ich mich aus einer Vogelscheuche in eine Glamourmieze verwandelt. Treasure hat das gesamte Überzeugungsrepertoire der BH-Verkäuferin gespeichert und beginnt auf dem Weg zum Auto damit, es abzuspulen.

»Madame ist so schlank«, wiederholt Treasure immer wieder. Es ist ihr sogar egal, daß sie keinen Wonderbra bekommen hat. Sie ist selbstlos. Wir werden ihr einen bestellen. Dies ist einer unserer eher erfolgreichen Ausflüge.

Treasure besucht ihre Großeltern

Treasures Leben ist nichts als elende Schufterei, und die einzigen Lichtblicke sind die Wochenenden.

»Frag mich nicht nach der Schule. Laß es«, schreit sie dramatisch und hält sich dabei die Ohren zu. »Mein Leben sind die Wochenenden.«

Treasure hat eine schlechte Phase. Sie steht täglich maulend auf, verweigert das Frühstück, vernachlässigt ihre Hausaufgaben und ihren Goldfisch. Sie ruiniert ihre Gesundheit. Sie ißt und schläft nicht genug. Sie denkt, atmet und träumt

»Wochenende«. Hysterisch vor Erschöpfung wirbelt sie von einem Tag zum anderen. Ihr Aktivismus wird lediglich von einem kurzen Zusammenbruch vor dem Seifenregal unterbrochen, und sie hat gerade noch genügend Kraft, zu telefonieren, die Wochenenden zu planen und den Hund zu ärgern.

Ich beschließe, Treasure eine Erholung aufzuzwingen – sie eiligst nach Hove zu Grandma und Grandpa zu bringen. In Treasures besseren Tagen ist das Mädchen die Sonne ihres Lebens. Sie haben sich bis unters Dach mit Treasures Lieblingsgerichten, Kuchen und exotischen Früchten eingedeckt, um ihr Enkelkind zu erfreuen.

Mein Plan hat eine verheerende Wirkung auf Treasure. »Ich werde nicht gehen«, schreit sie wütend. »Dann kann ich ja meine Freunde nicht treffen. Und was ist mit meinem Job? Ich kann nicht gehen. Ich kann nicht.« Trostsuchend klammert sie sich ans Telefon.

Wir schließen einen Kompromiß. Treasure darf Freitag den ganzen Abend zu Rosie, am Samstag bis zwei Uhr im Supermarkt schuften, und dann lade ich sie in mein Auto und karre sie ans Meer.

Ich sammle sie zur verabredeten Zeit auf. Sie ist unfähig, auch nur ein Wort im Auto zu sprechen. Ihre Energie reicht gerade dazu, die Radiosender und die Kassettenlaufwerke alle paar Sekunden zu wechseln. Manchmal reicht der Bruchteil eines Tones, daß ihre Finger den Knopf bearbeiten. Klick – schnapp den Ton – klick – ein Akkord – klick. Mitten im dichtesten Verkehrsgewühl entscheidet Treasure sich für tobenden Techno-Rock. Diese Musik scheint sie zu entspannen.

Es dauert nicht lange, und sie ist eingeschlafen. Ich drehe die scheußliche Kakophonie leiser, doch sie wacht sofort auf und fordert, daß ich ihr Schlaflied wieder lauter stelle. Sie döst weiter.

Als wir in Hove ankommen, ist sie immer noch ziemlich kraftlos. Sie weiß, daß sie einen fetzigen Abend im Strobe verpassen wird. Matt sinkt sie in Grandmas Fernsehsessel, gekleidet in schwarzen Lumpen, nichts als Ruhe erbittend – eine tragische Gestalt. Grandma ist verzweifelt. Sie sehnt sich nach dem süßen, lachenden Wonneproppen von früher. Grandpa ist im Wettbüro.

Ich lasse die Familie zurück, wie sie ist, gehe mit dem Hund spazieren, treffe einen Bekannten und lande in der Kneipe. Kein weiser Schritt. Ich rufe zu Hause an, um zu fragen, wann das Abendessen fertig ist.

»Es ist fertig«, bellt Grandma. »Wo bist du? Sie knatscht seit einer Stunde herum ›Wo ist Mami?‹« Grandma ist gefühlsmäßig zerrissen. Einerseits ist sie darauf erpicht, daß ich ein soziales Leben habe, andererseits wenig begeistert von ihrer Rolle als Tagesmutter einer Nörglerin. Treasure ist ebenfalls gefühlsmäßig zerrissen. Sie liebt ihre Grandma, und sie liebt das Strobe. Es funkelt in ihrem Kopf. Sie stellt sich jetzt nur die schönen Seiten vor, nicht die Menschenmassen, die Drogen, die erdrückende Hitze und die lebensgefährlichen Trampeleien, die ihren letzten Besuch stark beeinträchtigt haben.

Im Laufe des Abends wird sie immer wütender, weil ich mich mit Freunden vergnüge, während sie dazu verdammt ist, sechzig Meilen von ihrem Glück entfernt zu hocken, und weil das, was das Fernsehen zu bieten hat, unter ihrer Würde ist. Treasure verleiht ihrer Meinung darüber in ihrer gewohnt boshaften Weise Ausdruck und trampelt aus dem Zimmer.

Grandma ist entsetzt. Sie ist an das Vokabular der modernen Jugend nicht gewöhnt und greift händeringend zum Angina-Spray. Aber Treasure ist schon eingeschlafen. Sie schläft und döst durch das Wochenende, wacht hin und wieder auf, um sich mit Grandmas Parfüm zu besprühen oder ihre Nägel in blau-roten Karos anzupinseln.

Auf dem Heimweg zeigt Treasure erste Lebenszeichen. Der Gestank von Holloway belebt sie wieder vollständig. Die

Nachrichtenanzeige des Anrufbeantworters blinkt. Frisch aufgeladen startet Treasure eine Orgie: telefonieren, planen, besuchen und kreischen. Die Ruhekur hat sie gestärkt. Sie ist wieder auf Kurs. Auf *ihrem* Kurs.

Treasure in Ferien

Es liegt an den Jungs und am Einkaufen, daß Treasure und ich die Ferien gemeinsam ertragen. Ihr ist schlecht in Gatwick, schlecht in Linate, und sie schlappt träge in Mailand herum, gelähmt von Hitze und Luftfeuchtigkeit und geschwächt von Übelkeit. Mindestens einen Tag lang hängt Treasure in der Wohnung von unseren Freunden rum, zu nichts anderem fähig als der Lektüre von *Adrian Mole*, hin und wieder aufgeschreckt durch die Endloswerbung von Damenbinden und unanständigen Pop-Videos im italienischen Fernsehen. Sie ist begeistert von diesem Mangel an Zensur.

Vielmehr Interessantes gibt es sowieso nicht für sie. Weder ist sie scharf auf die faszinierende Architektur noch auf Kunstdenkmäler, Museen und Kirchen. Treasure hat nur eines im Sinn: die klimatisierten Geschäfte im Zentrum. Sie schwirrt ab zu Fiorucci, um dort stundenlang zu stöbern, während ich mich zu Tode langweile.

Doch Venedig bringt sie ungeheuer auf Trab. In der Stadt gibt es unzählige Läden, vollgestopft mit glitzernden Souvenirs aus Glas. Treasure toleriert den Wasserbus, ignoriert den Markus-Dom und stürzt sich auf die Läden und Stände, flitzt rein und raus, völlig verrückt von dem Überangebot. Sie ist in einem Kaufrausch.

Sie will unbedingt eine gläserne Spinne mit sehr dünnen langen Beinen haben, die sofort im Koffer kaputtgehen wird. Sie entscheidet sich für eine Mäusefamilie aus Glas, ganz gewöhnliche Bonbons für Freundinnen, Ohrringe in Gondolierenform, Apfelstrudel, und zur Krönung des Tages handelt sie einen Preisnachlaß für ein Chevignon-T-Shirt aus. Dann möchte sie eine Baseball-Mütze, und zwar von der Sorte, die man in der Holloway Road bekommt und mit der die Halbstarken herumlaufen. Bei der Baseball-Kappe stelle ich mich stur. Sie ist billig und häßlich und hat nichts mit Venedig zu tun.

»Tony Lupman hat so eine«, schnauze ich provokant, indem ich den Namen des von ihr meistgehaßten Jungen nenne.

»Aber ich brauche wirklich eine.« Treasure sieht erhitzt und verzweifelt aus. »Es ist mein Taschengeld. Warum kann ich mir keine kaufen?«

Ich kann es nicht erlauben. Wir stehen hier, umgeben von Pracht und Kunst, und kaufen eine lächerliche Baseball-Kappe. Meine Beine schmerzen vom Herumstehen in ungefähr tausend Souvenirläden.

»Ich will, ich will, ich will«, schreie ich Treasure an. Vorbeigehende Touristen verfolgen entzückt unsere kleine Streiterei.

»Ich hasse dich«, zischt sie. »Du bist so peinlich. Warum bist du so schrecklich zu mir?«

Ich kreische los. Die Luftfeuchtigkeit beträgt achtundneunzig Prozent, die Temperatur muß irgendwo jenseits von fünfzig Grad liegen, die Sonne knallt herunter. Mitten während meines Schreikrampfs wird mir schlagartig klar, daß die Baseball-Kappe wahrscheinlich Treasures vernünftigste Forderung überhaupt ist.

»Also gut. Kauf dir die verdammte Baseball-Kappe. Mach, was du willst.« Aber es ist zu spät.

»Jetzt will ich sie nicht mehr.« Treasure stampft in ihren gigantischen schwarzen Turnschuhen davon.

Wir fahren weiter nach Sardinien. Treasure und ich und der italienische Teenager Valeria haben eine Inselrundfahrt auf dem Schiff gebucht. *Meine* Freundin kann nicht mit, sie hat Bauchschmerzen. Valeria kann nicht schwimmen, sie hat ihre Tage. In Italien gilt es als unklug, während der Periode zu schwimmen. Wenn Valeria nicht schwimmt, schwimmt Treasure auch nicht. Die beiden Mädchen sitzen auf dem Unterdeck im Schatten und hacken abwechselnd auf Treasures Gameboy ein. Sie sprechen kein Wort. Sie ignorieren das azurblaue klare Meer und die silbernen Strände.

»Mami, kannst du nicht irgendwo anders hingehen?« Treasure ist äußerst beschämt über meinen neuen Leoparden-Bikini.

Ich verschwinde. Ich lese ein Buch und sitze in dem verhaßten Bikini in der Sonne, ich quatsche mit italienischen Mamis, ich schwimme brav an den ausgewählten Stränden, springe vom Schiff in die türkisfarbenen Lagunen. Am dritten Strand rufe ich Treasure zu: »Kommst du mit schwimmen?«

»Nein, Mami«, sagt sie verärgert, während sie mit Valeria im Dunkeln sitzt. Sie wirkt gequält. »Bitte, laß mich in Ruhe. Ich weiß, was ich will.« Sie wirft einen mitleidigen Blick auf meinen Bikini. »Geh einfach nur weg, Mami.« Sie flüstert durch die geschlossenen Lippen wie ein Bauchredner, damit keiner merkt, daß wir miteinander verwandt sind.

Ich gehe weg. Ich bleibe ruhig. Treasure ist noch krebsrot von gestern, unserem ersten Sonnenbadetag, als sie sich weigerte, einen Sunblocker zu benutzen, ein T-Shirt anzuziehen und einen langen Rock. Vielleicht ist es ganz gut, daß sie im Schatten bleibt. Vielleicht ist die 3-Billionen-Lire-Schiffsreise doch keine völlige Verschwendung von Zeit und Geld.

Zur Essenszeit darf ich neben Treasure und Valeria sitzen, aber scharfe Blicke, unter denen ich förmlich zusammenschrumpfe, weisen mich an, nicht zu sprechen. Nudeln mit Meeresfrüchten gibt es umsonst, Wasser kostet tausend Lire pro Glas.

Weiter zum nächsten Strand. Ich tauche in das klare Wasser. Während ich zwischen tausend anderen Touristen herumschwimme, die ebenfalls vom Schiff gelassen wurden, entdecke ich plötzlich Treasure im Wasser. »Hallo, Mami.« Sie lächelt freundlich und hat eine andere Freundin zum Schwimmengehen gefunden, Gabriela.

Ich lege mich allein in die Sonne. Treasure kommt mit ihrer Freundin vorbei. »Wir gehen zurück zum Schiff«, sagt sie liebenswürdig. Im Liegen scheint mein Bikini weniger anstößig zu wirken. Treasures Laune hat sich auf magische Weise gehoben. Sie kommt sogar später besorgt nachschauen, damit ich das Schiff nicht verpasse.

Wieder zurück an Bord gehen Treasure und ihre Freundinnen auf das oberste Sonnendeck. Verblüfft über ihr angenehmes Verhalten klettere ich ihnen nach und lasse einen kurzen Spionageblick über das Deck schweifen. Treasure und ihre Freundinnen sind umlagert von Jungs. Neue Freundschaften werden geschlossen, Fotos gemacht und Adressen ausgetauscht. Die Jungs steigen aus und verabschieden sich von den Mädchen mit Kußhändchen. Treasure plant eine Fortsetzung.

»Können wir diese Jungs besuchen, Mami? Du kannst uns hinfahren. Es ist nur so weit auf der Karte.« Sie zeigt eine Entfernung von achtzig Meilen. Ich lehne ab. Treasure ist empört.

»Aber sie haben uns gefragt. Warum nicht? Du kannst uns hinbringen und später wieder abholen.«

»Nein.«

»Warum bist du so schrecklich zu mir?« tobt Treasure gedämpft. »Du verdirbst einem alles.«

Treasure ist von den wunderbaren einsamen Stränden beziehungsweise von unseren Ferien nicht sonderlich begeistert, bis sie entdeckt, daß sie und Valeria am Abend alleine zur Piazza gehen können. Die Piazza ist überlaufen von Jungs;

schöne italienische und junge amerikanische, die hier schon seit Jahren bei der Navy festsitzen, allein, krank vor Heimweh und gehaßt von den Sarden. Sie sind von Treasures und Valerias Ankunft begeistert und flippen total aus, daß Treasure Englisch spricht. Sie wissen nicht, daß sie erst dreizehneinhalb ist und spendieren ihr einen Martini.

Treasures Ferien steigern sich ins Uferlose. Die Piazza ist voll mit Jungs *und* Läden. Sie fühlt sich wie im siebten Himmel. Sie merkt nicht, daß meine Freundin und ich sie häufig von einem verborgenen Platz im Café aus beobachten. Treasure erträgt ihren Tag an dem glühendheißen Silberstrand, grillt sich wie ein Brathähnchen in der Sonne, schwimmt in dem klaren Wasser und wartet auf den Abend an der Piazza.

Bald finden sie und Valeria heraus, daß es irgendwo an der verlassenen Küstenstraße eine aufregende Disco gibt. Dürfen sie und Valeria dorthin? Bitte, bitte. Können sie mit den jungen Italienern auf dem Motorrad fahren und um fünf Uhr morgens zurückkommen?

Mir läuft es kalt den Rücken herunter. Ich weiß, daß Sardinien nicht nur mit Vergewaltigern übersät ist, sondern auch mit Kidnappern. Erst vor ein paar Wochen waren Truppen ausgerückt, um ein Kind zu retten, das irrtümlicherweise für ein Mitglied von Aga Khans Familienclan gehalten und von Banditen geklaut worden war. Mr. Khan lebt nur ein paar Meilen entfernt. Sie könnten Treasure verwechseln, sie könnte vom Motorrad fallen. Ich bin drauf und dran, Treasure für den Rest der Ferien mit Handschellen an mich zu fesseln.

Meine Freundin ist vernünftiger. Sie ist nicht Treasures Mutter, hat als Jugendführerin gearbeitet und ist absolut diszipliniert. Sie übernimmt die Sache. »Ich werde Valerias Mutter heute abend anrufen und fragen«, sagt sie so besonnen wie immer. »Aber ich weiß, sie wird nein zu Motorrädern sagen.«

Valerias Mutter sagt nein zu Motorrädern. Sie sagt ja dazu,

daß wir die Mädchen um Mitternacht zur Disco chauffieren, drei Stunden warten und sie um drei wieder nach Hause fahren. »Das ist nicht mehr als fair«, sagt meine Freundin. »Einen Discoabend müssen sie haben.«

Wir bringen sie hin. Treasure und Valeria springen raus aus dem Wagen und rein in die Disco und verschwinden in der schiebenden Menge. Musik dröhnt, Lichter zucken und flakkern. Für meine Freundin ist diese Umgebung Migräne aus der Dose. Wir ziehen uns in eine ruhige Bar zurück. Die Disco liegt in einem schicken neuen Yachthafen. Wir haben unsere besten Klamotten angezogen. Ich trage ein schwarzes hautenges Kleid von meiner Freundin. Ich fühle mich ziemlich schick. Meine Freundin trägt die silberne Version. Wir ernten ziemlich merkwürdige Blicke. Man hält uns vielleicht für Damen des horizontalen Gewerbes. Die Bar schließt. Wir ziehen weiter zur Lobby eines Nobelhotels. Sie schließt. Wir gehen zurück zu der verdammten Disco. Treasure und Valeria bewegen sich auf der Tanzfläche, umgeben von jungen Männern. Wir latschen weiter in dem verlassenen Yachthafen herum. Es ist kühl, wir haben unsere Jacken vergessen, es ist erst zwei Uhr.

In der Dunkelheit entdecken wir auf einer Mole einen Stapel Deckchairs. Zu spät warnt meine Freundin: »Paß auf, der Felsen.«

Ich falle drüber – ein besonders gemeiner Felsen, der mir ins Bein schneidet. Ich brülle fürchterliche Obszönitäten in die wunderbare mondbeschienene Meerlandschaft. Ich habe schreckliche Schmerzen. Irgendwie scheint dies meine Freundin zu belustigen.

»So ist das Leben«, lacht sie unter Tränen, »mal bist du oben, mal liegst du unten.« Sie findet, daß unsere gepflegte Kleidung den Witz noch verstärkt. Wir sitzen da und schauen bis drei Uhr morgens hinaus aufs Meer, zwei ältliche Anstandsdamen, eine mit blutendem Bein, die darauf warten, zwei flippige Teenager einzusammeln.

Treasure befindet sich in einem Zustand der Ekstase und ist pitschnaß.

»Dieser Junge hat mich viermal in den Pool geschmissen«, sagt sie. »Er hat mich nicht mal die Schuhe ausziehen lassen.« Treasure hat den Abend ihres Lebens verbracht. Es war die Sache wert gewesen – die Stunden des Umherwanderns, die trostlosen Bars, die feindseligen Blicke, das verletzte Bein. Treasure findet ihre Ferien klasse.

Sommer

Es ist sehr heiß. Sprengen ist verboten, und die Gärten beginnen zu verdörren. Perverserweise schneiden die Gärtner im Heath das Gras so kurz, daß es sich in gelbe Flächen verwandelt. Aber sie schneiden weiter und weiter, selbst die Fleckchen, die man in den vergangenen Jahren lang und wild gelassen hatte. Niemand begreift, warum. Ich treffe einen anderen Hundebesitzer, der über die Stoppeln stampft, und wir verwünschen alle Gärtner. Ich frage einen Gärtner nach dem Grund für den geschorenen Park, und er erklärt mir, daß es so einfacher ist, den Abfall einzusammeln.

Dieser Plan scheint nicht zu funktionieren. Die Überreste von Picknicks sind haufenweise über der kahlgeschorenen Grünfläche verteilt, verschandeln das Gelände und sind eine willkommene Verführung für Hunde, die als Dreingabe ihre eigenen Exkremente hier und dort hinterlassen. Ich befördere meines Hundes Kot in eine Plastiktüte. Als ich eines Tages das Geschäft meines Hundes neben einem Tennisplatz wegmache, bemerke ich, daß alle Spieler ihr Spiel unterbrochen haben, um mir zu applaudieren. Für sie bin ich der Inbegriff des vollkommenen Hundebesitzers.

Nur der »Ladies' Pond« bleibt grün und ist eine Oase der

Erholung. Sobald man das Gelände mit dem kleinen See betritt, fühlt man sich weniger griesgrämig und schwitzig. Weder Männer noch Jungen haben Zutritt, nicht einmal Babys dürfen mitgebracht werden. Kein Lärm, keine Transistorradios, kein Rowdytum. Der Pool ist eine Enklave, geschützt vor dem Schmutz des restlichen London. Nichts stört seine Ruhe, kein neugieriger Busengaffer kauert hinter Lattenzäunen und Büschen.

Zu Hause wollen wir im Garten Mittag essen, aber die Wespen schwirren um den Tisch und fallen in die Gläser. Treasure kreischt und rennt nach drinnen in das kühle Wohnzimmer, um sich von dem tröstlichen Flimmern des Bildschirms beruhigen zu lassen. An heißen Sommertagen liebt sie es, die Vorhänge zuzuziehen und im Haus zu bleiben. Im Winter rennt sie vorzugsweise im T-Shirt mit V-Ausschnitt nach draußen.

Zum Ende des Sommerhalbjahres sind an Treasures Schule Asthma-Inhalationsapparate der letzte Schrei, vielleicht wegen der Pollen. Lola Dickinson benutzt ihren die ganze Zeit, sagt Treasure. Beim geringsten Pfeifen hat sie das Ding schon zur Hand und macht puff puff in ihren Hals. Sie bietet es reihum an. Sie hat es Treasure angeboten, aber Treasure hat abgelehnt, Ehrenwort, hat sie getan. Sie weiß, sie soll den Inhalator von jemand anderem nicht benutzen. Treasure behauptet, daß sie niemals einen genommen hat. Aber seit sie eine Selbstdiagnose vorgenommen hat, weiß sie, daß sie einen haben *muß*.

»Ich bekomme Asthma. Wirklich. Ich brauche einen Inhalator.« Lola hat einen, Charlotte hat einen, Karen hat zwei. Alle haben einen.

Treasures geerbtes Temperament

Treasure ist ein resolutes Geschöpf. Ich frage mich, ob sie diese Eigenschaft von ihrer Großmutter geerbt hat. Grandma kämpft wild entschlossen für ihre Rechte, selbst gegen furchterregendste Gegner. Neulich erwischte Grandpa sie, als sie sich mit einer Punkerin an der Seepromenade anlegte. Sie saß neben einem Punkerpärchen auf einer Bank in der Sonne und blickte auf das Meer, als der männliche Punk seine Bierdose über die Mauer auf den Strand schleuderte. Ein Schrei ertönte aus der Gruppe der Sonnenanbeter, die unterhalb der Mauer lagen, und eine Dame im Badeanzug schoß hoch. »Wer hat das geschmissen?«

»Hab' ich nichts mit zu tun«, log der Punk.

Grandma fühlte sich genötigt, das Wort zu ergreifen. »Natürlich hast du damit zu tun. Du warst es«, brüllte sie.

»Halt's Maul, alte Schlampe«, erwiderte die Punkerin.

Grandma war verständlicherweise erbost. »Wage es nicht, so mit mir zu sprechen«, fauchte sie und erhob ihren Spazierstock.

»Ich schieb' dir den Stock in deinen verdammten Hals«, schrie die Punkerin ziemlich aggressiv und schnappte sich den Stock. Grandma blieb mutig dran, und genau zu dem Zeitpunkt, als die beiden Frauen miteinander um den Stock rangen, kehrte Grandpa von seinem Spaziergang zurück, ging tapfer dazwischen und trennte sie. Er geleitete Grandma nach Hause.

»Sie sollte sich nicht so aufregen«, sagte er später verdrießlich zu mir. »Das ist gefährlich.«

Treasure und die Nachbarn

Treasure will zu einer gesponserten Wohltätigkeitsveranstaltung für bedürftige Tiere gehen. Sie und Lizzie fegen die Straße rauf und runter und bitten die Nachbarn, sie zu unterstützen. Eine halbe Stunde später sind sie zurück, beide tief geschockt und außer sich. Anthea mit dem großen Hintern hat sich geweigert, mitzumachen.

»Anthea Big-Bottom ist widerlich«, schimpft Treasure. »Ich hasse sie. Wie kann sie nur so gemein sein?« Anthea hat gewagt zu sagen, daß sie von solchen Dingen nichts hält.

Ich muß zugeben, daß auch ich von Antheas Verhalten geschockt bin. Bis jetzt war sie die Tierretterin schlechthin auf unserer Straße. Sie hat kranke und verwilderte Tiere aufgenommen, sie heiß geliebt und kräftig aufgepäppelt. Sie hat den Tierschutzverein wegen verdächtig mager aussehender Katzen und angeketteter Hunde verpetzt und auf der Stelle die Polizei gerufen, als Mr. Harris von nebenan Käfige mit Kaninchen durch den Garten kickte. Und jetzt verweigert sie eine Spende für die Hundeveranstaltung. Künftig wird Treasure ihr auf der Straße mit offenem Spott begegnen. Sie wird keine gesellschaftlichen Konventionen einhalten und hallo sagen oder Antheas Recht auf Meinungsäußerung respektieren.

Es gab mal eine Zeit, als Treasure höflich zu den Nachbarn war, selbst zu Anthea. Sie hatte uns eingeladen, die Genesung unseres an Pocken erkrankten Kaninchens zu begutachten. Liebevoll hatte Anthea wochenlang Salbe auf seine wundgescheuerten Stellen aufgetragen, und nun war es wieder fett und kuschelig, und wir waren gekommen, um es zu bewundern. Treasure, sieben Jahre alt, lächelte süß, und ihre kleinen Zöpfe standen ab. Aber gerade einen halben Meter neben ihrem Kopf hingen Antheas gewaltige Unterhosen.

Würde Treasure eine beleidigende Bemerkung machen?

Würde sie unhöflich lachen? Nein. Nicht das kleinste Grinsen oder ein komischer Blick. Erst als wir wieder auf der Straße waren, fühlte Treasure sich frei, einen Kommentar abzugeben. »Was für riesige Unterhosen«, sagte sie, und ihre blauen Augen weiteten sich. »Hat Anthea einen so großen Hintern?« Treasure hatte eine ungeheure Selbstkontrolle und perfekte Manieren gezeigt. Ich war stolz wie Oskar. Was für ein charmantes Alter. Zu jung für ein wertendes Urteil, und alt genug, um einfühlsam zu sein. Treasure würde sich heute nicht mehr zu so einem kriecherischen Verhalten herablassen. Durch jahrelange Lärmbelästigung und Treasures Dreistigkeit mürbe gemacht, grüßen uns die schwächeren Nachbarn mit einem frostigen Lächeln. Die stärkeren beschweren sich.

An diesem Abend bringt Treasure Mrs. Perez in Fahrt. Nach einem harten Arbeitstag trottet Mrs. Perez leise mit ihrem Abendessen auf dem Tablett ins Wohnzimmer, als das Telefon klingelt. Es ist Treasure, die sich bei einer Freundin befindet und stinksauer ist, daß sie mich telefonisch nicht erreichen kann. Während ihrer Abwesenheit hatte ich die Gelegenheit ergriffen, unser Telefon selbst einmal zu benutzen. Treasure beauftragt Mrs. Perez, mir etwas auszurichten, ohne »bitte« zu sagen.

»Bringt Sie das Mädchen nicht manchmal in Rage?« fragt Mrs. Perez später. Ihre Frage überrascht mich. Sie hat mich über die Jahre hinweg brodeln und explodieren sehen. Aber jetzt hat sie gerade mal selbst versucht, Treasure zu maßregeln, und das Ende vom Lied ist, daß sie vor Wut bebt. Sie hatte zumindest einen Funken Reue erwartet, vielleicht sogar eine Entschuldigung. Sie vergaß, daß Treasure eine eigene und ganz einzigartige Sicht der Dinge hat, bei denen das Kind als unschuldiges Opfer immer zu Unrecht von verwirrten älteren Inquisitoren beschuldigt wird.

Einige von diesen verwirrten Monstern haben zugesagt, die Hundeveranstaltung zu unterstützen. Es war einfach, sie zum

Spenden zu bewegen. Angesichts zweier lächelnder, höflicher und selbstloser Mädchen rückten die Nachbarn gedankenlos ihr Geld raus. Jetzt, Tage später, da ihre Morgen von Gekreische ruiniert sind und ihre Nächte von Treasure und ihren Kumpels, die johlend in den frühen Morgenstunden vom Strobe nach Hause kommen, dürften sie nicht allzu scharf darauf sein, die Knete rauszurücken. Aber Treasure hat aus unerklärlichen Gründen das Interesse an der Sache verloren. Sie will gerade kein Geld sammeln. Sie hat im Moment keine Zeit. Sie und Daisy sind voll damit beschäftigt, das 24-Stunden-Wohltätigkeits-Fasten zu planen.

Treasure und die Kritiker

Ich lasse Treasure fünfzehn Minuten mit ihren Großeltern allein, während ich den Hund ausführe. Als ich zurückkomme, liegen die drei sich fürchterlich in den Haaren. Es hat ein Malheur wegen des Fernsehprogramms gegeben.

Grandma war ins Wohnzimmer gestürzt und hatte Treasures spannenden Dokumentarfilm umgeschaltet, weil auf dem anderen Kanal *Mastermind* lief, Grandpas Lieblingssendung. Da jener aber auf dem Sofa vor sich hin döste und halb taub ist, stellte Grandma das Programm auf volle Lautstärke und brüllte dabei mit donnernder Stimme: »Es ist *Mastermind.*« Grandpa erwachte inmitten eines Infernos. Das Fernsehen dröhnte, Grandma brüllte, und Treasure kreischte vor Empörung und Enttäuschung. So ist die Lage bei meiner Rückkehr.

Es ist Treasures zweites Kreischkonzert an diesem Tage. Ihren ersten Anfall hatte sie während meines Nachmittagsspaziergangs mit dem Hund. Sie hatte ein Nickerchen gehalten, war mit einem Wahnsinnsdurst aufgewacht, und

Grandpa hatte den Orangensaft nicht schnell genug aufbekommen. Kein Wunder, daß er eingeschnappt ist. Später, als Treasure und Grandma wieder auf dem Teppich sind, mekkert er los.

»Natürlich mache ich nicht *sie* verantwortlich«, sagt er mit einem resignierten und vernichtenden Blick. »Sondern dich. Du hast sie verzogen.« Er geht mit tröstlicher Lektüre über den Zweiten Weltkrieg zu seinem Sessel zurück.

Diesen beliebten Vorwurf höre ich häufig.

»Sie ist verzogen«, sagt ein Besucher mit zusammengepreßten Lippen. Treasure hatte laut von oben gerufen.

»MAMA.«

Ich hatte ihr verboten, so etwas zu tun. Sie muß herunterkommen und sprechen, anstatt von oben zu brüllen. Ich habe mir geschworen, auf Brüllen aus der Ferne nicht zu reagieren. Sie brüllt weiter.

»MAMA.« Ich antworte nicht. Ich versuche mein Schwätzchen mit dem Besucher fortzusetzen. Das Brüllen hält an. Die Sichtweise des Besuchers verstärkt sich. Natürlich kann Treasure jetzt nicht mehr in die Küche kommen und normal sprechen, selbst wenn sie es wollte. Sie hat sich selbst in Verlegenheit gebracht. Sie versteckt sich auf der Treppe und ruft erneut in gebieterischem Ton.

»MAMA. Ich kann mein Hausaufgabenheft nicht finden. Würdest du mir mal suchen helfen.«

Der Besucher ist gefesselt von diesem Drama. Werde ich Treasure untertänigst helfen oder ihr meine Unterstützung besonnen verweigern und sie anweisen, noch mal zu suchen? Aber dieses Mal habe ich Glück. Ich weiß, wo das Heft ist. Ich kann sie mit gemäßigter Stimme darüber in Kenntnis setzen und ein Desaster vermeiden.

»Es liegt oben auf dem Klavier.«

Treasure verschwindet. Keine Brüllerei mehr. Der Besucher ist um ein besonderes Vergnügen gebracht, aber das macht die Sache nicht besser. Er ist davon überzeugt, daß es bereits passiert ist. Alle Kritiker wissen, daß, wenn sie Mütter wären, die Dinge anders liefen.

Sie sind sich sicher: »Verzogen« heißt erledigt sein, ohne die geringste Hoffnung auf Besserung, und Treasure liefert ihnen die nötigen Argumente. Sie kann einen Kritiker zwei Meilen gegen den Wind riechen. Beim leisesten Anflug von Mißbilligung schlüpft sie blitzartig in die Rolle der Rebellin – schmollen, spotten, herumstolzieren – und zieht sämtliche Register der Aufmüpfigen: grauenhafte Tischmanieren, beleidigende Sprache, dumme Antworten. Jeder Hauch von Selbstlosigkeit, Charme, Witz und anständigem Charakter wird erstickt, und der Kritiker ist begeistert. Letztendlich hatte er recht. Ich hab's vermasselt. Als Mutter bin ich eine vollkommene Pfeife.

Erwachsene haben kein Benehmen

Ich habe das dumpfe Gefühl, daß nicht nur Treasure Grandmas Temperament geerbt hat, sondern auch ich. Es fällt mir schwer, mich in der Öffentlichkeit zurückzuhalten, wenn ich mit etwas konfrontiert werde, das ich für Unrecht halte. Wie neulich in der Bank. Dort hatte sich vor dem einzigen geöffneten Schalter eine Schlange von achtzehn Leuten gebildet. Ein rascher Blick durch die Räumlichkeiten enthüllte, daß vierzehn Bankangestellte so taten, als wären sie beschäftigt.

Laut fragte ich, ob es möglich sei, daß einer oder zwei aus diesem Heer der Bankangestellten sich um die Kunden kümmern könnten. Die Schlange blickte ziemlich verlegen. Nur ein Mann erhob seine Stimme, um mir beizupflichten.

»In Deutschland würde so was nicht passieren«, tönte er. »Die Deutschen kriegen ihre Sachen hin.« Ich war von meinem einzigen Verbündeten enttäuscht.

Glücklicherweise hatte ich Treasure nicht dabei. Sie haßt Streitereien in der Öffentlichkeit. Sie ist sehr darauf bedacht, daß ich selbst angesichts heftiger Provokationen höflich bleibe. Unter gar keinen Umständen soll ich kritisieren oder beleidigen, selbst wenn ich mit dem großspurigsten und widerlichsten Ladenbesitzer oder öffentlichen Angestellten konfrontiert werde oder mit einer meilenlangen Warteschlange. Auch soll ich mich weder feurig-temperamentvoll noch hemmungslos geben, wenn ich etwas unternehme.

Treasure ging diese Woche mit mir und Mrs. H. ins Kino, um einen empfohlenen und eher für Erwachsene bestimmten Film zu sehen. Schockiert stellte sie fest, daß Mrs. H. sich ebenfalls ziemlich schlecht in der Öffentlichkeit benahm. Ihre Mutter ist nicht die einzige. Mrs. H. zog lautstark über ihre Nachbarin her.

»Sie treibt sich ständig auf Partys herum«, schimpfte Mrs. H., während sie durchs Foyer stampfte und fürchterliche Grimassen schnitt. »Sie ist besessen von Partys. Und Clubs. Sie und ihre verdammten Clubs.«

Mrs. H. und ich lachten laut und ungezwungen und kauften uns zusammen eine riesige Tüte Popcorn. Treasure hielt Abstand, schielte ab und zu mit einem leicht angewiderten Blick zu uns herüber und kaufte sich eine kleine Portion Popcorn für sich ganz allein. Sie versuchte sich soweit wie möglich von uns zu distanzieren.

Mrs. H. und ich waren von der Kinowerbung wie elektrisiert: Mrs. H. war besonders von der frechen Jeans-Werbung und der Werbung für Schokoriegel und Deosprays angetan. Wir lachten uns halb kaputt, gaben kräftig unseren Senf dazu und wühlten mit den Fingern im Popcorn-Karton. Mrs. H. fühlte sich wieder an ihre Jugend erinnert, als sie noch von der Popkultur fasziniert gewesen war.

Treasure benahm sich vorbildlich. Sie saß ruhig da und aß vornehm ihr Popcorn, ohne auch nur ein Körnchen auf den

Boden fallen zu lassen. Wir alle fanden den Film ausgesprochen spannend. Mrs. H. schubste mich an und schaute bei den mehr erschreckenden und erwachsenen Szenen ziemlich nervös zu Treasure hinüber, aber Treasure zuckte nicht mal mit der Wimper. Vermutlich war dies im Vergleich zu dem, was Treasure und ihre Kumpels sich an alptraumhaften Videos reinziehen, wenn sie sturmfreie Bude haben, so was wie *Sandmännchen*. Am meisten ergriffen war Mrs. H. von dem erschütternden Ende. Angeregt plapperten sie und ich darüber, während wir durch das Foyer an der Schlange vorbei das Kino verließen, und ruinierten den Leuten versehentlich ihre Vorstellung.

Treasure war entsetzt. Sie richtete ihre Augen gen Himmel. »Ihr zwei seid völlig verrückt«, sagte sie und schritt elegant Richtung Wagen.

Treasure, die Lebensretterin

Aus Treasures Zimmer dringt ein unangenehmer Geruch. Man kann ihn selbst noch durch den Gestank der Räucherstäbchen hindurch wahrnehmen. Irgendwo unter den Kleiderhaufen und dem ganzen Kram muß entweder eine Leiche liegen oder irgendein Snack, der seit Ewigkeiten verborgen und vergessen vor sich hin gammelt.

»Riechst du nicht irgendwas Komisches hier drin?« frage ich so freundlich wie möglich.

»Nein«, schnauzt Treasure. »Hast du ein Problem?« Wütend steckt sie noch mehr Räucherstäbchen an. Sie hat meine Anfrage als persönlichen Affront verstanden. Wenig später durchschneidet ein Aufschrei der Verzweiflung meine Fernsehnachrichten. Treasure ruft um Hilfe. Ich hetze hinauf. Die Ursache des mysteriösen Geruchs ist enthüllt. Da liegt er, sich matt hin und her bewegend, in einer stinkenden Brühe und in den letzten Zügen: Der größte ihrer Goldfische kämpft um sein Leben. Wie ich mich über das Behältnis beuge, um das Ausmaß der Tragödie zu untersuchen, verschlägt mir ein grauenhafter Gestank den Atem. Es muß ungefähr ein halbes Jahrhundert her sein, daß Treasure das Fischbecken saubergemacht hat. Durch die neblige Flüssigkeit mache ich zwei weitere Goldfische aus, die sich noch wacker halten. Sie scheinen aus härterem Holz geschnitzt. Ein Evakuierungsprogramm wird gestartet – die Schwimmer in einen Topf, der fast Tote auf die Intensivstation, sprich ins Waschbecken.

Treasure ist untröstlich. Schwer lastet auf ihr die Schuld. »Ich habe sie nicht vernachlässigt, nicht? Ich habe mich um sie gekümmert.«

»Nun, nicht ganz.« Selbst Treasure begreift, daß ich nicht lügen kann. Sie hat es nie geschafft, sich um die Versorgung unserer Haustiere zu kümmern. Sie will unbedingt welche haben, aber dann vergißt sie, daß jedes einzelne Tierchen eine kleine Kotfabrik ist. Die Meerschweinchen hatten ebenfalls eine harte Zeit. Sie produzierten nicht nur LKW-Ladungen von übelriechendem Dreck, sondern vermehrten sich auch noch blitzartig und zogen sich eine schlimme Hautkrankheit zu. Alle elf mußten täglich schamponiert und trockengeblasen und mit Salbe auf den häßlichen Stellen eingerieben werden. Dieser Job wurde meine Sommerferienbeschäftigung.

Jetzt haben wir den vermodernden Goldfisch. Aber Treasure ist älter und fähiger. Sie rackert sich ab, säubert das Gehäuse, besorgt neuen Kies und desinfiziert ihn, kümmert sich um den Verletzten im Becken. Ich kippe einen Schuß Medizin direkt neben seine Nase. Das Tier richtet sich für einen Moment auf.

»Es geht ihm besser«, quiekt Treasure. Wie wild schrubbt sie an dem Gehäuse herum und entfernt die stinkenden und schleimigen Fäden. Der Fisch liegt auf der Seite, kaum in der

Lage, nach Luft zu schnappen. Reuevoll geht Treasure ins Bett, ihre Liebe zu Goldfischen ist neu entflammt. Monatelang hatten sie ein trübes Dasein im Schatten von Jungs und dem Strobe geführt. Einzig dieses hochdramatische Statement des größten Goldfischs hatte Treasure an ihre Existenz und ihre Bedürfnisse erinnert.

Als ich aufwache, erwarte ich, eine Leiche im Becken zu finden. Doch weit gefehlt. Der Goldfisch hat sich erholt. Munter schwimmt er umher. Ich habe sein Leben gerettet. Ich verspüre das Glücksgefühl des Erfolges. Ein Tierarztleben muß eine unglaublich dankbare Angelegenheit sein.

Ich wecke Treasure mit der glücklichen Neuigkeit *und* mit einer Zeitschrift für Teenager.

»Laß mich in Ruhe«, knurrt sie in ihrer üblichen Morgenlaune. Ich hatte törichterweise erwartet, sie würde begeistert aufspringen und zu ihrem Fisch flitzen, der aus den Klauen des Todes befreit herumschwamm. Schließlich schwankte sie ins Badezimmer.

»Ich habe ihn gerettet«, krächzte sie.

»Was meinst du damit, *du* hast ihn gerettet?«

»Hast du mich etwa letzte Nacht nicht gehört? Ich bin noch mal runtergegangen, so um elf, und habe ein Aspirin ins Wasser geworfen. Es hat Bläschen gemacht. Das hat ihn gerettet.«

Treasure ist wahnsinnig stolz. *Sie* hat sich den Ruhm geangelt. Ihr gebührt das Glücksgefühl des Erfolgs.

Treasures Haltung in Kleiderfragen

Ich finde, ich habe mich für Treasures Schulkonzert ziemlich fein angezogen – schicke schwarze Kluft, sehr respektable Länge, beste Schuhe, dezentes Make-up, passende Accessoires.

Wenngleich Treasure am Telefon klebt, entdeckt sie mich, als ich am Wohnzimmer vorbeigehe. »O Gott«, kreischt sie. »Meine Mutter.« Sie legt ihre Hand über die Sprechmuschel. »Du wirst doch nicht etwa so gehen wollen? Das kann doch nicht dein Ernst sein.« Sie wendet sich wieder dem Telefon zu. »Mein Gott. Meine Mutter sieht aus wie eine Prostituierte.«

Die Beschreibung ist absolut unzutreffend. Treasure ist selten mit meinem Äußeren zufrieden. Legere Kleidung wird pauschal unter der Beschreibung »Schlampe« abgelegt und schicke unter »Prostituierte«.

Ihren besonderen Widerwillen erregen Ensembles mit Leggins.

»Bitte, nicht die drei Lagen. Bitte«, bettelt sie. »Du willst deine Socken doch nicht so tragen?« Sie verdreht die Augen. »Das geht nicht. Schlag sie runter.« Sie hat strenge Vorstellungen vom Hochkrempeln und Runterschlagen. »Krempel deine Jeans runter«, faucht sie. »Die Leute werden sagen: ›Wer ist denn diese dumme Frau, die ihre Jeans so trägt, als ob wir Hochwasser hätten?‹ So, wie du aussiehst, gehe ich nicht mit.«

»Geh zehn Schritte vor«, sage ich. »Tu so, als wäre ich nicht deine Mutter.« Auf diese Art haben wir viele Spaziergänge gemacht, die erbittertsten immer in der Nähe der Schule.

Doch obwohl Treasure sich von meiner Kleidung angewidert zeigt, ist sie scharf darauf, sich einzelne Teile auszuleihen. Besonders schwarze Teile, Jeans oder die raffiniertesten Unterhosen. Und wenn die Sachen einmal vom Körper sind, entwickelt Treasure ein ziemlich unbekümmertes, fast rücksichtsloses Verhältnis zu ihnen. Die Klamotten sind rasch verschwunden, verliehen und im allgemeinen weiträumig verstreut. Sie hat eine neue Vorliebe für Kleidertausch mit Freundinnen entwickelt. Bei uns gibt es eine Reihe von Besucher-T-Shirts, gepunkteten Socken und grünen Jeans. Mein schwarzes T-Shirt ist Richtung Stoke Newington verschwunden, Treasures neuer Pullover in der Garderobe des Strobe eingeschlossen, ihre Doc Martens stehen in Crouch End herum, und ihre Schulschuhe sind wie vom Erdboden verschwunden. Häufig humpelt sie in geliehenen Schuhen, die ihr natürlich nicht passen, herum und trägt dicke Blasen davon.

Seit Monaten versucht sie verzweifelt, die verhaßten Schulschuhe loszuwerden, und heute hat sie sie endlich geschickt verloren. Rosie schwört, sie hat sie in der Halle gelassen, Treasure schwört, sie hat sie nicht gefunden. Mir platzt der Kragen. In einem Affenzahn jage ich zu Rosie und ordne eine Suchaktion an. Mürrisch leisten Rosie und Treasure meiner Aufforderung Folge. Ich bin die widerwärtigste Mutter des Jahres. Keine Schuhe, aber immerhin der Hinweis, daß sie sich bei Chloe befinden könnten. Wie ein Formel-1-Rennfahrer jage ich zu Chloe.

»Bitte brüll nicht«, bettelt Treasure. »Sei nicht unhöflich zu Chloes Mutter.«

»Ich werde nicht brüllen«, schreie ich. Mit einem freundlichen Lächeln auf den Lippen und einer blassen und bebenden Treasure im Rücken betrete ich Chloes Haus. Ja, die Schuhe sind aufgetaucht, aber sie befinden sich gerade auf einer Rundreise durch London, hinten im Wagen, zusammen mit meinem schwarzen T-Shirt. Chloes ruhige und gut organisierte Mutter hat das T-Shirt gewaschen, und die Schuhe werden heute abend abgegeben. Schwein gehabt.

»Jedenfalls hast du mir dieses T-Shirt geschenkt«, sagt Treasure auf dem Heimweg. Wir schnattern den ganzen Rückweg: »Du hast dich nicht drum gekümmert / Dann gib du mir meinen schwarzen Pullover wieder / Es ist nicht dein Pullover, sondern meiner / Stimmt nicht / Du hast deinen eigenen / Der ist aber so fürchterlich…«

Wir machen uns auf zum Schulkonzert. Die Schuhe sind rechtzeitig eingetroffen. Ich kann beim besten Willen nicht einsehen, warum mein Outfit in irgendeiner Weise anstößig sein soll. Das meiste davon ist ohnehin von einem geschmackvollen grauen Regenmantel und einem Wollschal von Liberty's verdeckt.

»Bitte, trage nicht diesen Schal.« Treasure ist in panischer Angst. Sie läßt sich von seiner noblen Herkunft nicht beeindrucken. In der linken unteren Ecke hat sie Mottenlöcher entdeckt. »Komm um Himmels willen nicht mit dem Schal in die Schule. Halt ihn einfach in der Hand.« Schamrot eilt sie zu ihrem Platz im Orchester. Aus der Entfernung glaube ich zu sehen, daß sich ihre Lippen bewegen: »O Gott. Meine Mutter.«

Der Goldfischmörder

Treasures Freunde sind zu Besuch da. Rosie, Andrew, Robert und ein neuer Junge. Treasure und Rosie sorgen für Speis und Trank, ich habe mich nach oben in mein Schlafzimmer zurückgezogen, eine ältliche Einsiedlerin mit Hund und Fernsehen. Ich lasse mich in Notlagen kurz blicken – wenn es darum geht, Ketchup und dergleichen zu suchen.

Treasure und Rosie klopfen bei mir an und stehen bleich und ernst in der Tür.

»Mama, könntest du bitte diese Jungs nach Hause schikken. Sie benehmen sich unhöflich«, sagt Treasure geheimnisvoll.

»Was machen sie denn?«

Ich wüßte nur zu gern, was »unhöflich« bedeutet, aber Treasure und Rosie halten sich eisern an das Gesetz des Schweigens.

Ich bitte die drei Jungs zu gehen. »Sorry, Jungs, Zeit, nach Hause zu gehen«, lüge ich gutgelaunt. »Ich brauche das Wohnzimmer.« Die Jungs wirken bestürzt und ziemlich gekränkt. Unglücklich verzieht sich die Truppe in die Küche. Ich verschwinde wieder in meinem Schlafzimmer, doch schon bald stehen Treasure und Rosie wieder auf der Matte.

»Mama«, sagt Treasure. »Können diese Jungs über Nacht bleiben? Sie sind jetzt sehr nett.«

»Nein, können sie nicht.«

»Du hast doch gesagt, sie können im Gästezimmer schlafen. Sie haben schon zu Hause Bescheid gesagt.«

»Dann müssen sie eben noch mal Bescheid sagen.« Ich ziele wieder mal auf Konsequenz. Ich habe mir sagen lassen, daß Konsequenz ein absolutes Muß ist und Treasure eine Mutter braucht, die ihrem Kind Grenzen setzt. Manchmal gibt mir Treasure selbst zu verstehen, daß sie eine Grenze braucht. »Bitte, kann der-und-der bleiben«, fragt sie mit dem-und-dem im Rücken. »Bitte, bitte!« Sie macht ein verzweifeltes Gesicht. Dieser verzweifelte Gesichtsausdruck meint manchmal »Sag nein«. Nach ein paar mißlungenen Versuchen kann ich ihr Gesicht inzwischen richtig deuten. Dieses Mal allerdings kann ich's nicht, aber ich entscheide sowieso »Nein«.

Treasure scheint nicht allzu verstört zu sein. Meine Grenzen funktionieren prima. Treasure hat vielleicht den Sinn und Nutzen einer älteren Aufsicht, die oben sprungbereit auf der Lauer liegt und unhöfliche Jungs im Auge behält, erkannt.

Wie dem auch sei, am nächsten Tag kommen noch mehr Jungs zu Besuch. Robert bringt einen anderen neuen mit. Er sieht wie ein ganz normaler Junge aus. Alle essen ein anständiges Abendessen am Tisch unter meiner Aufsicht. Ich habe den Eindruck, daß die Lage stabil ist und ich mich auf einen schnellen Drink verdrücken kann. Doch es gibt ein plötzliches Alarmzeichen. Der neue Junge hat das gesamte Goldfischfutter in das Behältnis gekippt.

»Du mußt uns helfen«, sagt Treasure leicht panisch. Nur zu gut erinnert sie sich noch des letzten Kampfes auf Leben und Tod, den der Goldfisch aufgrund eines Übermaßes an verrottetem Essen und allgemeiner Verdreckung zu bestehen hatte. Sie weiß, daß sie unverzüglich handeln muß.

»Deine Freunde können dir helfen«, sage ich unbarmherzig. »Sie können den Behälter mit dir saubermachen.«

Treasure transportiert die Goldfische ins Badezimmer. Ehe ich verschwinde, sehe ich die Tiere in einem Ozean von sauberem Wasser schwimmen. Als ich wiederkomme, finde ich Leichen vor. Der mörderische neue Junge hatte Badesalz und Haarschampon auf die Tiere geschüttet. Jetzt ist er weg.

»Du mußt uns helfen, sie zu beerdigen«, sagt Treasure in tragischem Ton.

Ich bin erbost. Ich lasse drei glückliche Fische zurück und finde mich in einer Massenmordszene wieder. Ich hole die toten Tiere aus dem Wasser, schnappe mir eine Schaufel und beginne, im Garten ein Grab auszuheben.

»Warum bist du so schrecklich zu mir?« Treasure ist verblüfft. »Warum bist du so fies?«

»Ich bin nicht besonders glücklich«, schimpfe ich, während ich wild im Dunkeln grabe und hoffe, daß ich nicht gerade das Zwiebelbeet erwische. »Wer ist dieser Junge? Was für ein Kind ist er? Ich will mit seinen Eltern sprechen. Welche Telefonnummer hat er?«

Treasure und Rosie verpfeifen ihn nicht. Wäre Pol Pot ein Mitglied ihrer Peer-group, würden sie selbst ihn nicht verraten.

Treasures beste Freundin

Treasures Beziehungen sind überwiegend stürmisch. Sie kennt wenig Mäßigung, so daß eine neue Freundin sofort eine beste Freundin ist. Diese kommt nicht einfach mal nach der Schule zum Tee, sondern Freitag abends, »und dann kann sie über Nacht bleiben, und dann gehen wir zu ihr nach Hause und ich bleibe die Nacht dort, und dann kommen wir wieder hierher.«

Diese Woche ist Tara die beste Freundin. »Tara kommt auf mein Fest, kann sie dann über Nacht bleiben?«

»Hat ihre Mutter nichts dagegen?«

»Ihrer Mutter ist es egal. Ihre Mutter haßt sie.«

Tara muß allein im Dunkeln an der U-Bahn-Station ankommen. Treasure holt sie mit dem Hund als Begleitschutz ab. Tara trifft ein: dreizehn mit Tendenz zu dreiundzwanzig, sehr roter Lippenstift, schwarze Chiffonbluse, Ultra-Mini, schwarze Nylonstrümpfe, Schaftstiefel à la Robin Hood. Meine erwachsenen Freundinnen, die mir bei der Festvorbereitung helfen, ziehen scharf die Luft ein. »Welche Mutter läßt ihr Kind nachts alleine so auf die Straße?« Treasures Information muß richtig sein. Ihre Mutter haßt sie.

Die Party nebenan beginnt. Unsere selbstlose jugendliche Nachbarin hat Treasure für die Disco-Party ihre Wohnung zur Verfügung gestellt, weil ich, die schreckliche Mutter, sie in unserem Haus verweigert habe. Eine Gästeliste mit vierzig Namen war vorbereitet worden. Am Vorabend der Party klappt Treasure, nachdem sie sich wochenlang wie ein kleines Monster aufgeführt hatte, heulend zusammen, weil sie einen Horror davor hat, daß tausend ungeladene Gäste ihre Party sprengen könnten. Sie hat die Kontrolle über die Gästeliste verloren, weiß überhaupt nicht mehr, wer kommt und wer nicht, weil sie wie wild alle Leute gefragt hat, um sich ihrer Beliebtheit zu versichern und einen Haufen Geschenke sicherzustellen und überhaupt, weil es so schwer ist, nein zu sagen.

Ich übernahm die Liste, strich sie zusammen, plazierte einige schwergewichtige Rausschmeißertypen vor die Tür, kaufte eine Palette Pizza, Limo und Knabberzeug, und los ging's. Doch selbst Treasure findet, Tara sieht etwas erwachsen aus. Mittendrin kommt sie nach Hause, um einen eiligen Zwischenbericht abzugeben.

»Tara hat eine ganze Flasche Wodka dabei und Zigaretten, *und* sie erzählt allen, daß sie jemandem einen geblasen hat.« Treasure spricht vom Blasen, als wäre es das Selbstverständlichste auf der Welt. Ich bin entsetzt. Von solchen Sachen hatte ich zum ersten Mal gehört, als ich Ende Zwanzig war.

»Weißt du, was das bedeutet?«

»Natürlich weiß ich das«, sagt Treasure forsch-fröhlich. »Ich weiß alles.«

»Nun, das gehört zu den Dingen, mit denen nicht mal Erwachsene auf Partys prahlen. Das ist eine private Sache.« Ich halte diese Erklärung für einen vernünftigen liberalen Kommentar. Ich verurteile nicht die Tat selbst.

Überraschenderweise scheint Treasure mit mir einer Meinung zu sein. Sie hat die allgemeine Mißbilligung bemerkt. »Niemand mag Tara«, zischt sie. »Gib mir die Pizzas. Wir brauchen mehr Pizzas.« Sie wirbelt von dannen, zurück zu ihrer Party, vorbei an dem verlassenen Wohnzimmer, in dem ein einsamer Discjockey alleine spielt, durch die Küche und hinaus in den Garten, wo die Gäste sich im Dunkeln knubbeln und auf der Mauer hocken und im leichten Nieselregen herumstehen. Warum zum Teufel gehen sie nicht hinein und tanzen?

»Sorg dafür, daß sie reingehen«, ruft meine Nachbarin verärgert. »Sonst ist die Disco rausgeschmissenes Geld. Hol sie rein.«

Ich beordere sie nach drinnen, verschließe die Tür, verstecke den Schlüssel, aber sie halten's nicht aus. Sie quetschen sich in die Diele. Wir lassen sie ein paar Minuten eingesperrt, aber sie wollen raus. Also wird die Tür wieder aufgeschlossen, und sie schwärmen hinaus, höchstwahrscheinlich, um sich um Taras Zigaretten- und Alkoholdepot zu scharen und sich erotische Horrorgeschichten anzuhören. Ich fege das Popcorn zusammen und spioniere dabei aus dem Küchenfenster, aber Treasure erwischt mich.

»Geh weg, Mami. Kannst du nicht nach Hause gehen?« Sie starrt mich wütend an, aber meiner Nachbarin reicht's. Sie braucht Hilfe. Ich fege weiter bis zum Ende, bezahle den Discjockey (der Übergewicht hatte, stark nach After-shave roch und alles andere als Spitze war), lächele matt den Eltern zu, die ihre Kinder abholen, und schwöre mir, daß es die letzte Party bis zum Abitur war.

Tara verläßt uns am nächsten Morgen. Sie trägt Jeans und Pullover, hat ihr Vamp-Outfit in der Tasche und sieht völlig normal aus. Aber sie hat ihre Spuren hinterlassen. Ich entdecke Treasure und Rosie, wie sie gerade das Sex-Fanatiker-Kartenspiel spielen.

»Vom wem habt ihr das?« keife ich in einem Tonfall, der eine Mischung aus Joyce Grenfell und Hitler sein könnte.

»Tara.«

Unverzüglich konfisziere ich das Spiel, aber Treasure beschwert sich kaum.

»Kann Rosie diese Nacht hierbleiben?« fragt sie. »Sie ist meine beste Freundin.«

Treasure macht sauber

Treasure hat damit begonnen, freiwillig kleine Arbeiten im Haushalt zu übernehmen. Das hat's noch nie gegeben. In den letzten beiden Wochen hat sie ihr Zimmer zweimal saubergemacht, und ich kann mir beim besten Willen nicht erklären, warum. Heute morgen macht sie schon wieder sauber, aber sie ist mit den Nerven völlig am Ende. Es gibt Grenzen; allzuviel von dieser Arbeit kann sie nicht ertragen. Von ihrer eigenen Leistung gleichermaßen erschreckt wie erschöpft, fordert sie Unterstützung.

Sie stimmt ihr Geschreie zeitlich genau auf mein Frühstück ab – gerade als ich in den Toast beißen will, geht es los. Ich bin im Morgengrauen aufgestanden, mit dem Hund stundenlang durch den kalten, windigen Park gelaufen, heimgekommen, habe die Waschmaschine angestellt, mir mein Frühstück bereitet, es wartet auf mich, inklusive Zeitung.

»Würdest du mir bitte HELFEN«, schnauzt Treasure. Gerade in solchen Momenten benötigt sie häufig Hilfe.

»Ich habe alles saubergemacht, und du kannst zumindest die Tassen runter- und mir einen leeren Papierkorb raufbringen. Ich brauche einen Papierkorb.« Sie ist empört, daß ich es mir beim Frühstück gemütlich machen will, während sie sich abrackert. Sie schafft es gerade noch rechtzeitig, mir dieses Vergnügen zu verderben.

»Warum kommst du nicht runter und leerst deinen Papierkorb selbst?« Ich bin die Ruhe in Person. Meine neue Politik ist, Treasure nicht anzuschreien. Ich darf nicht überreagieren, sagen meine Berater. Ich muß immer daran denken, daß ich ein erwachsener Mensch bin. Ich darf nur dann die Fassung verlieren, wenn es um Leben und Tod geht. Wenn Treasure sich entscheidet, im Februar in Chiffonbluse und mit nassem Haar, das ihr wie Eiszapfen im Nacken absteht, nach draußen zu gehen, dann muß sie das eben tun. Wenn sie das Bedürfnis hat, ununterbrochen zu pfeifen, das Frühstück zu verweigern und Sex- und Gewaltfilme im Fernsehen anzuschauen, darf ich nicht brüllen. Ich muß damit warten, bis etwas wirklich Ernstes passiert.

Ich brülle nicht. Treasure brüllt. »Ich habe das ganze Zimmer saubergemacht«, kreischt sie. »Ich kann nicht alles tun. Komm her. Komm und guck dir einfach mein Zimmer an. Alles, was du tun mußt, ist den Abfalleimer auszuleeren.«

Zum ersten Mal seit Menschengedenken ist Treasures Teppich in seiner Gesamtheit sichtbar. Ihre Klamotten liegen sauber aufgeräumt im Schrank. Sie ist völlig fertig vor Erschöpfung. Sie braucht dringend eine Ablösung. »Würdest du bitte mein Zimmer staubsaugen«, kommandiert sie. Meine Ruhe macht sie wahnsinnig.

»Werde ich«, sage ich. »Aber nicht sofort.« Das Telefon rettet uns. Einmal eine Störung zur rechten Zeit. Ich leere den Abfalleimer. Das mag nach Katzbuckeln vor einem Despoten klingen, aber Treasures Bemühungen sind im Vergleich zu ihren vergangenen Aufräumaktionen atemberaubend gut. Erst im letzten Monat hat der Untermieter über ihre Hausarbeit gespottet. Ich hatte sie gebeten, ihr schmutziges Geschirr aus dem Wohnzimmer zu bringen. Ich hatte mir vorgestellt, daß es dann in der Küche landen würde, aber Treasure schaffte es gerade aus dem Wohnzimmer bis in die Diele, wo der Untermieter es entdeckte.

»Schauen Sie nur«, brüstete er sich. »Schauen Sie nur, wo sie es hingestellt hat.« Er freut sich wie ein Schneekönig, weil *seine* Kinder natürlich die Sachen regelmäßig zur Spüle tragen und sie sogar abwaschen. Aber deren Mami ist ohne Fehl und Tadel, und Treasures Mami ist es nicht. Ich bin ihr in letzter Zeit ein reichlich schlechtes Beispiel gewesen und bemühe mich jetzt in Sachen Saubermachen sehr. Vielleicht ist es ja noch nicht zu spät.

Treasure hat Berge von Zeug weggeschmissen. Normalerweise kann ich sie nicht dazu bewegen, sich auch nur von irgendwas zu trennen. »Was ist damit?« fragte ich neulich und hielt das Gliedmaß einer Steinzeit-Barbiepuppe hoch.

»Nein«, weinte Treasure. »Ich möchte es behalten.« Aber jetzt sind Tonnen von Andenken ausrangiert worden. Was kann sie nur dazu getrieben haben? Sie scheint unter einem enormen Druck zu stehen. Wir stürzen uns ins Finale und picken alles mit der Hand vom Teppich auf, was unserem empfindlichen Staubsauger im Halse steckenbleiben könnte.

Es klingelt an der Tür. Rosie und Lizzie sind da. Sie wollen über Nacht bleiben. Gerade rechtzeitig hat sich Treasures Saustall in einen Palast verwandelt, der das richtige Ambiente für diese beiden Anspruchsvollen bietet. Vielleicht sind dies die Vorteile von Gruppenzwang.

Treasure als Gastgeberin

Treasure hat aus ihrer Erfahrung mit unkontrollierbaren Besuchern nichts gelernt. Unser Haus scheint so etwas wie ein Treffpunkt für alle zu werden, die ins Strobe wollen. Ab etwa halb sieben fallen sie ein. Treasure hat offensichtlich Gott und die Welt benachrichtigt, daß alle vorbeikommen, ein leichtes Abendessen einnehmen, das Wohnzimmer blockieren und sie dann ins Strobe begleiten können.

Ich öffne die Tür. Mehrere sehr große und sehr unbekannte Jugendliche stehen davor.

»Ja?« Ich starre sie an.

Finster starren sie zurück. Von hinten vernehme ich eine freundliche Stimme. Sie gehört Andrew, den ich als Mitglied der Gang identifiziere. Das sind alles seine Freunde. Ich gestatte ihnen einzutreten. Ich hatte vor, zum Essen auszugehen, weil Treasure und Rosie sich hier einen ruhigen Abend machen wollten, aber jetzt ist das Haus brechend voll mit sonderbaren Typen. Treasure scheint in ihren Plänen äußerst flexibel zu sein. Sie ist scharf darauf, daß ich verschwinde.

»Wann gehst du?«

»Bald. Würdest du bitte die Hintertür zweimal abschließen?«

»Ja, ja.« In altbewährter Manie steckt sie sich die Finger in die Ohren. Kann ich guten Gewissens ausgehen? Vielleicht sollte ich bleiben und überhaupt, vielleicht sollte ich von nun an jedes Wochenende bleiben, alles im Auge behalten, ungebetene Gäste vertreiben, Türen zweimal abschließen, mein Leben abschreiben und es ganz den Freuden meiner Tochter widmen.

Ich lasse meinen Begleiter die Horrorszene im Wohnzimmer in Augenschein nehmen, ehe wir verschwinden. Er ist nicht im geringsten beeindruckt. Er bemerkt das auseinandergezogene Muster: rechts vom Sofa stapeln sich die Jungs in die Höhe, links kleben die Mädchen auf einem Haufen zusammen. »Auf mich wirken die okay.«

Aber ich denke an die Zukunft. Jeden Samstag wird die Menge größer, fremde Jugendliche fallen bei uns ein, das Wohnzimmer wird eine besetzte Zone, und ich werde mir nirgends die Nachrichten ansehen können. Am nächsten Tag spreche ich mit Treasure ein ernstes Wort.

»Das kann nicht jeden Samstag so gehen.«

»Das wird's auch nicht«, bellt Treasure, »und ich habe auch nicht gewußt, daß sie alle kommen würden. Sie sind alle um halb zehn verschwunden.« Sie ist außer sich ob meiner Beschwerde. »*Ich* habe dafür gesorgt. Wo liegt das Problem?« Mit randalierenden Jugendlichen umgehen, das macht sie mit links. Aber eine herumschleichende Mutter ist für sie eine ernsthafte Bedrohung.

»Sag ihnen einfach, sie sollen nächste Woche nicht kommen.« Meine Samstagabende sind eindeutig futsch. Zukünftig muß ich Wache schieben. Nach dem Fischmassaker fürchte ich um die Sicherheit des Hundes und um mein Sofa, frisch gekauft und noch makellos.

Die Horde des nächsten Samstags grüße ich grimmig, reiß' die Tür auf und starre sie an. Sie sind unheimlich höflich. »Ich bin Mark«, sagt einer entwaffnend und streckt mir seine Hand entgegen.

»Ich bin David«, sagt ein anderer und lächelt süß. Ich deute streng auf Treasures Zimmer. Sie schwärmen nach oben. Diesmal beschlagnahme ich das Wohnzimmer. Treasure stapelt die Besucher in ihr Damenzimmer – neun riesige Jungs und fünf riesige Mädchen. Aber diesmal währt ihr Aufenthalt nur kurz – nach einer halben Stunde starten sie den Auszug ins Strobe. Es geht bergauf. Ich bleibe auf meinem Posten, allzeit bereit, Schurken die Tür zu weisen, aber es gibt keine. Vielleicht bin ich zu hart gewesen. Als sie abziehen, wirken sie harmlos, und ihre Manieren sind tadellos. Einer von ihnen begleitet Treasure Schlag zwölf vom Strobe nach Hause.

»Sehen Sie«, sagt er. »Ich habe versprochen, sie pünktlich nach Hause zu bringen.«

Treasure ist nicht mal knurrig.

»War es schön?«

»Ja«, sagt sie glücklich, und ihre Wangen glühen. »Ich habe mir den dicken Zeh an einer Flasche angeschlagen, und Rosie hat sich die Backe an einer Zigarette verbrannt.«

Alptraum auf der Oxford Street

Treasure hat das Paradies betreten. Sie befindet sich in Miss Selfridge, ausgestattet mit einem fetten Geburtstagsgehalt. Sie flitzt von Ständer zu Ständer und steht bald mit den Armen voll Kleidungsstücken da. Teile schleifen über den Boden, Bügel fallen herunter. Treasure gerät in Panik. Sie ist völlig überfordert. Sie braucht Hilfe.

»Hilf mir. Ich kann das nicht mehr halten. Könntest du bitte einfach mal was abnehmen.« Offensichtlich bin ich schuld, daß sie überladen ist. Ich helfe ihr. Ich ziehe hinter ihr her wie ein Packesel und befördere ihre Auswahl. Meine Beine schmerzen. Und zwar seit dem Moment, als ich Selfridge erblickte. Am liebsten würde ich mich auf den Boden setzen. Dröhnende Popmusik hämmert durch den Laden.

Wir schwanken zur Umkleidekabine, wo Treasure unzählige gerippte und enganliegende Tops und ein paar schwarze hautenge Kleider in gleitendem Material anprobiert. Massenumkleideräume bringen sie in höchste Verlegenheit, und deshalb ist sie äußerst empfindlich, was Kritik angeht.

»Gefällt es dir?« fragt sie. Das ist ein Befehl.

»Ja. Sehr schön. Reizend.« Ich darf nicht nein sagen. Ich kann sagen »Wunderschön, aber du hast schon eins«, aber ich darf keine Meinung äußern oder irgendeinen Makel konstatieren. Neidisch beobachte ich die Mutter neben uns mit ihrer Tochter. Die Tochter probiert ebenfalls ein hautenges Kleid an, aber ein kurzes.

»Es paßt dir von hinten«, sagt die Mutter streng, »aber nicht von vorne.« Und die Tochter lächelt trotzdem. Warum kann Treasure nicht auf so eine vernünftige Art antworten? Sie hat ein langes Schlauchkleid angezogen, das ihr bis zu den Knöcheln reicht, und macht ein verdrießliches Gesicht.

»Was meinst du?« Sie starrt in den Spiegel.

»Ich mag das Material nicht.« Treasure ist wütend. »Es macht dich sehr dünn.« Treasures Miene hellt sich auf. »Zu dünn«, sage ich. Treasure ist begeistert.

»Es ist fantastisch«, sagt das Goldstück. Sie sieht mein Gesicht. »Dir gefällt es nicht. Was hast du dagegen?«

Ich deute auf die Mitte, wo das Kleid nicht besonders gut sitzt. Wütend reißt Treasure sich das Teil vom Leib und probiert ein anderes – ein langes schwarzes 100%-Nylon-Schlauchkleid, aber diesmal mit langen Ärmeln. Es gefällt ihr. Es betont ihre schmale Taille und vergrößert ihren Busen. Verzückung. Sie muß es haben. Eine grauenerregende Wahl.

»Gut?« In ihrer Stimme schwingt ein Hauch von Drohung mit.

»Sehr schön, aber wo willst du es tragen?« Sie hätte darin Präsident Kennedy ein Geburtstagsständchen bringen können.

»Viele Gelegenheiten.« Treasure wechselt die Taktik. »Bitte, sag, du magst es.« Sie will unbedingt dieses Kleid. Ich will unbedingt raus. Treasure kauft es plus ein paar Schlauchtops.

Weiter zu Hennes. Treasure wählt ein paar rote Röcke mit Schottenmuster aus, eine ziemlich sittsame Länge. Sie sieht perfekt aus. Ich erlebe einen kurzen Moment der Hoffnung, aber sie weist die Röcke zurück und kauft ein weiteres geripptes Schlauchtop.

Die Zeit wird knapp. Treasure muß um sechs zu Hause sein, weil Samstag ist und sie verschiedene Verabredungen getroffen hat. Wir haben nur einen Bruchteil der Oxford Street bearbeitet. Und dann entdecke ich ein Traumtop für mich. Richtige Farbe, richtige Form, richtige Größe. So was habe ich schon seit Ewigkeiten gesucht. Ich bleibe stehen, um es zu kaufen.

Treasure ist erbost. Wir sind noch nicht im Next, Kookaï, Warehouse oder Top Shop gewesen. Sie ist weiß vor Wut. »Ich kann nicht warten«, faucht sie. »Ich gehe.« Sie stampft davon, verschwindet in der Menschenmenge und läßt mich an der Kasse stehen. Ich möchte unbedingt dieses Top. Aber wie will Treasure nach Hause kommen? Wie soll sie den Wagen finden? Werde ich sie jemals wiedersehen? Ja. Da ist ihr kleines Gesicht, blaß und aufgeregt, am Eingang. Sie kommt zurück und stellt sich hinter mich in die Schlange, matt vor Verzweiflung. Die Zeit wird knapp.

Auf dem Bürgersteig haben wir eine kleine Auseinandersetzung. »Das ist MEIN Geburtstags-Einkaufstag / Ich wollte nur zehn Minuten davon / Ich hasse dich / Du bist egoistisch / Du mußt mir alles verderben.« Schwitzend und mit zusammengebissenen Zähnen jagen wir durch ein paar weitere Geschäfte und dann zurück zum Wagen. Es ist vorbei.

Meine Nachbarin Mrs. Perez war heute ebenfalls einkaufen. Sie sagte, daß sie ähnliche Streitereien die Oxford Street rauf und runter gehört hat. Vielleicht sind Treasure und ich ja einfach nur ganz normale Vorweihnachtseinkäufer.

Der Anfang der Kleiderprobleme

Vor einiger Zeit bemerkte ich es zum ersten Mal: das Kleiderproblem. Treasure war zwölf, fast dreizehn. Sie kam gerade in das Stadium, das sich durch Stolzieren, Spotten, Mähne schütteln und werfen und exzessives Telefonieren auszeichnet. Es war vielleicht töricht von mir gewesen, Treasure zu erlauben, in Begleitung einer älteren Freundin, die mir vernünftig schien, ihr Taschengeld für Klamotten in der Holloway Road zu investieren. Ich hatte erwartet, daß sie mit T-Shirt oder Leggins aufkreuzt – jedenfalls mit irgendwas Unschuldigem und einer Zwölfjährigen Angemessenem.

Statt dessen kam sie mit einem schwarzen Kleid heim – Stehkragen, schulterfrei, aus hauchdünnem Lycra –, das ihr gerade knapp über den Hintern reichte. Das perfekte Outfit für einen neunzehnjährigen Vamp.

»Jeder braucht ein schwarzes Kleid«, sagt sie streng.

Sie legt Ohrgehänge an, steckt ihr Haar geschmackvoll hoch und tanzt unter den bewundernden Blicken dieser Freundin vor dem Spiegel. »Ist es nicht traumhaft? Daisy, du findest es toll, nicht, Daisy?«

O glückliche Mutter von Daisy! Ihre Tochter war die Beraterin, nicht die Käuferin. Treasure hat lange Beine, langes Haar, die ersten Ansätze von Weiblichkeit und schaut süß aus. Mir liegt daran, ihr zu sagen, daß sie dieses Kleid in der Öffentlichkeit nur tragen darf, wenn sie durch Handschellen mit mir verbunden ist. Besser noch wäre, ich könnte ihr befehlen, es zurückzubringen.

»Sehr schön«, sage ich schwach. »Aber ziemlich erwachsen.« Alles, bloß das Wort »sexy« nicht in den Mund nehmen. Und nein, sie darf es nicht samstags zum Holloway Odeon tragen.

Ich hole mir Rat. Meinungen gibt es unzählige, sehr hilfreiche und ausgesprochen widersprüchliche: Treasure weiß ganz genau, was sie tut; sie weiß nicht, was sie tut; erlaube es nicht; laß sie das Teil tragen, so was tragen doch heutzutage alle; mach dir keine Gedanken, es passiert nichts; alles kann passieren; sorge dafür, daß sie blickdichte Strumpfhosen trägt; wenn du sie jetzt unterdrückst, wird sie später rebellieren; du mußt jetzt durchgreifen, bald wird sie dafür zu groß sein. In der Zwischenzeit ahmt Treasure Madonna nach. Offenbar sieht sie darin keine Gefahr.

Diese Sache ist schlimmer als die Große Turnschuhdebatte und die Kann-ich-ein-Chipie-T-Shirt-haben-Nummer. Das war alles einfach. Ich verbot Nike Air und Chipie-Klamotten – eindeutig Nepp, pervers, materialistisch –, und sie konnte schmollen, solange sie wollte, ich kaufte nichts davon. Aber hier geht es um Sex. Ich kann mich noch gut erinnern, wie ich damals, als ich in dieser Phase war, mit hängenden Schultern und krummem Rücken in großen schwarzen Pullovern herumgeschlichen bin und versucht habe, jeden Hinweis auf meine Weiblichkeit zu verbergen. Ich war zu verlegen zum Tanzen und wollte eine Perücke und mir die Nase operieren lassen. Treasure ist das genaue Gegenteil. Sie scheint viel besser klarzukommen. Ich würde ungern ihr Selbstbewußtsein zerstören.

Schließlich löste sich das Kleine-Schwarze-Problem von selbst. Nachdem Treasure ein paar Tage darin vor dem Spiegel herumgetänzelt war, bemerkte sie, daß ihre Unterhose sichtbar wurde, wenn sie sich auch nur zwei Millimeter nach vorne beugte. Freiwillig zog sie eine Strumpfhose an, schlüpfte in ein überdimensionales T-Shirt, das bis auf den Hals alles verdeckte, zog die Ohrringe ab, frisierte ihr Haar zu einem Knoten und ging in die Disco – als eine fast tantenhafte Erscheinung. Meine Erleichterung war nur von kurzer Dauer.

Während unserer Griechenlandferien stellte sich das Kleiderproblem von neuem. Treasure entdeckte ein anderes Kleid, diesmal gestreift, mit kurzen Ärmeln, ziemlich weit ausgeschnitten, hautenges Lycra bedeckte gerade den Hintern. Ich hatte ihr ein Sommerkleid versprochen, und sie hatte keins, und sie wollte dieses. Wir konnten die Art von Kleid, die mir vorgeschwebt hatte, nicht entdecken; nichts im Ethno-Look und züchtig und mit Stickereien in weißer Baumwolle. Dieses Land war up to date. Es hielt T-Shirts mit Ouzo-Werbung, fluoreszierende Luftmatratzen, sehr unanständige Postkarten und bumsende Plastik-Schildkröten parat.

Ich willigte in den Kleiderkauf ein und wich nicht mehr von Treasures Seite. Die Griechen verhielten sich tadellos. Sie nahmen von uns keine Notiz, widmeten sich ganz ihrer Arbeit. Nur die Engländer rümpften mißbilligend die Nasen. Eine einzelne Radikale gab ihren wohlwollenden Kommentar zu dem Outfit ab. Es wäre ein soziales Problem, sagte sie, und nicht Treasures. Es wäre das, was die anderen hineininterpretierten, und nicht, was das Kind damit meinte. Wie dem auch sei, ich war nicht scharf darauf, eine Zwölfjährige mit unheilvollen Warnungen über Humbert Humberts, Verabredungen mit anschließender Vergewaltigung, Aids, Schwangerschaft und Kondome zu bombardieren.

Ich versuchte es mit einer Vorwarnung.

»Du findest, ich sehe scheußlich aus«, schluchzte Treasure.

Nein, sagte ich ihr, sie sehe phantastisch aus, aber wie neunzehn, und die Leute könnten sie dann auch so behandeln. Was sie dazu meinte?

Weder meinte sie etwas dazu, noch juckte es sie. Sie zitierte Madonna. Madonna kleidete sich, um sich selbst zu gefallen. Vielleicht hätte ich die Videos und Filme und das Fernsehen und die Zeitschriften verbannen sollen.

Zu Hause war Treasure wieder sicher in ihrer Schuluniform. Das Problem war nur, daß der Rock reichlich kurz wirkte. Ich hegte den starken Verdacht, daß Treasure den Rockbund ein paarmal umgeschlagen hatte. Offensichtlich war das Kleiderproblem endgültig da.

Treasures zwei Gesichter

Treasure kommt aus der Schule und sieht fröhlich aus. Für den Bruchteil einer Sekunde sehe ich ein glückliches Gesicht in der Tür auftauchen, ein lächelndes Schulmädchen, das zum Tee nach Hause kommt. Solcherart ermutigt, wage ich eine Frage.

»Hattest du einen schönen Tag?« Blitzartig verdüstert sich Treasures Gesichtsausdruck. Ihr ist eingefallen, daß sie zu ihrer Mutter nicht nett sein darf. Sie gräbt eine unbedeutende Missetat aus.

»Du hast mir kein Geld für den Schulausflug gegeben. Ich mußte mir was leihen.« Sie fegt vorbei, schleudert ihre Tasche auf den Boden und stampft unter wütendem Geknurre die Treppe hoch. »Andere Mütter denken daran, ihren Kindern Geld zu geben.« Sie marschiert ins Badezimmer. Peng!

»Was für einen Ausflug?« Treasure dreht den Wasserhahn voll auf, um unsere Konversation zu erschweren. Ich weiß nichts von einem Schulausflug. Treasure behält solche Informationen gerne für sich. Nicht den klitzekleinsten Hinweis gibt sie mir im voraus. Anscheinend bekommt Treasure nie ein Formular. Andere bekommen eins, aber sie nicht. Sie schwört es.

Das ist sowieso schon eine harte Woche für uns. Grandpa mußte urplötzlich ins Krankenhaus, und Grandma, geschwächt durch die neun Stunden, die sie neben ihm auf dem

Gang gewartet hat, liegt krank zu Hause in Brighton. Ich muß hin und Treasure alleine lassen, in der Obhut von Nachbarin, Untermieter und Hund. Es gibt eine Latte von Anweisungen, die ich hinterlassen muß, ehe ich verschwinde. Treasure will sie nicht hören.

»Bitte schließ die Hintertür zweimal ab.«

»Okay, okay«, schreit Treasure und fuchtelt mit den Armen herum.

»Mit diesem Schlüssel.«

»Ich weiß, ich weiß.« Sie weiß es nicht. Aus irgendeinem Grund verweigert sie den Blick auf den Schlüssel. Ein Einbrecher wird ihn eher finden als sie.

»Schau. Er ist hier. Schau ihn dir einfach mal an.«

»Laß mich in Ruhe.« Treasure rast. Sie stopft sich die Finger in die Ohren und rennt grölend aus der Küche. Weder kann ich ihr jetzt den Meßbecher für das Hundeabendessen zeigen noch die Snacks, noch was sie am nächsten Tag anziehen soll. Jeder Versuch, sie zu informieren, treibt Treasure an den Rand des Wahnsinns.

Ich lasse sie als Ignorantin zurück, eingeschlossen in ihrem Zimmer, abgeschirmt von dröhnender Popmusik. Ich mache später einen Kontrollanruf bei meiner Nachbarin. Alles ist bestens, sagt sie. Treasure ist ruhig und brav und sitzt gerade an ihren Hausaufgaben. Ich mache am nächsten Morgen einen weiteren Kontrollanruf beim Untermieter.

»Alles eitel Freude und Sonnenschein«, sagt er. Treasure ist wach, angezogen und frühstückt gerade. Weder ist sie zu spät dran, noch kreischt sie in der gewohnten Weise herum.

Heute abend muß sie nach Brighton fahren, zum ersten Mal alleine mit dem großen Zug. Es mag Leute geben, die spotten darüber, aber ich finde, daß Victoria Station was Torturhaftes an sich hat, und deshalb engagiere ich Mrs. Perez' Tochter als Begleitung. Ich rufe Treasure an, um ihr die entsprechenden Anweisungen zu erteilen.

»Würdest du bitte Caroline sagen…«

»Ich muß weg. Ich bin zu spät. TSCHÜS«, schnauzt Treasure und will schon den Hörer aufknallen.

»Stop«, brülle ich. »Hör mir zu. Warte. Sag Caroline, sie soll mich anrufen und mir durchgeben, mit welchem Zug du kommst.«

»Tschüs«, brüllt Treasure. Grandma macht der Gedanke, was alles passieren könnte, noch schwächer. Sie ist davon überzeugt, daß unter den Tausenden von Pendlern, die diesen Zug benutzen, gerade *ihr* Enkelkind es sein wird, das von einem Verrückten entführt und umgebracht werden wird. Als ich später am Bahnhof stehe, hat mich Grandmas Panik angesteckt. Was, wenn Treasure nicht auftaucht? Menschenmassen strömen aus dem Zug. Keine Treasure. Mit meinem Magen passiert Schreckliches. Und gerade als ich im Geiste meinen Anruf bei der Polizei vorbereite, erscheint Treasure. Lächelnd. Sie ist stolz wie Oskar und vergißt sogar, den ganzen Abend scheußlich zu sein. Alleine zu reisen ist jetzt ihre Leidenschaft. Sie hat sich ein anständiges Picknick eingepackt und kann es gar nicht erwarten, am nächsten Tag alleine zurückzufahren.

Welche Enttäuschung, als sie erfahren muß, daß ich, ihre abscheuliche Mutter, sie mit nach Hause nehme.

»Nein, nein. Du sollst nicht mit.« Treasure ist wieder verzweifelt. »Warum mußt du immer alles verderben?«

Treasure ändert ihre Meinung

Treasure hatte ein paar entspannte Wochen mit verdächtig wenig Hausaufgaben. Sie fährt mit dem Fahrrad durch die Gegend, besucht Leute, lümmelt in der Gegend herum. Was kann das zu bedeuten haben?

»Keine Hausaufgaben heute?« frage ich zum wiederholten Male.

»Nein«, sagt Treasure lässig und hüpft durchs Haus. Aber die Wahrheit kommt ans Licht. Sie verquatscht sich und erwähnt was von Prüfungen. Sie sind in einer Woche. Treasure hätte wiederholen müssen. Das Verführerische an Wiederholungen ist, hat Treasure herausgefunden, daß man dabei nichts abzugeben braucht.

Ich entwerfe einen strengen Stundenplan und sorge für regelmäßige Inspektionen, so daß sie nicht nur vorgeben kann, etwas zu tun. Sie könnte sich in ihrem Zimmer hinter einem Stapel Bücher verschanzen und heimlich Kleider an- und Make-up ausprobieren oder in ihren Teenie-Magazinen schmökern und behaupten, sie betreibe Medienstudien.

Treasure muß zu Hause bleiben und arbeiten. Sie darf das Haus nicht verlassen, wenn sie nicht vorher mehrere Stunden wiederholt hat. Mürrisch zieht sie sich in ihr Zimmer zurück. Es ist Samstag, und sie hat sich für sechs mit Andrew und Rosie verabredet. Deshalb habe ich meine Verabredung auf sieben gelegt. Treasure verbleiben noch drei Stunden für ihre Paukerei. Nach einer halben Stunde kommt sie wie von der Tarantel gestochen aus ihrem Zimmer geschossen. Sie hält es nicht mehr aus.

»Ich muß in die Bibliothek«, sagt sie mit einem gehetzten Blick.

»Du hast keine Zeit«, sage ich. »Es lohnt sich nicht.« Die Bibliothek liegt eine halbe Stunde entfernt. »Wenn du um sechs deine Leute treffen willst, bleibst du besser hier.«

»Ich werde sie nicht treffen«, sagt Treasure. »Ich bleibe bis neun hier. Ich will später nur ins Strobe.«

Da Treasure demnach also Äonen von Zeit hat, fahre ich sie zur Bibliothek. Diese Änderung macht aus meinem Abend einen einzigen Kuddelmuddel. Sie bedeutet nämlich, daß Treasure allein zu Hause ist und die begründete Gefahr besteht, daß die Gang, bevor sie ins Strobe zieht, hier zusammenkommt und um eine Schar ungeladener Gäste erweitert wird. Es ist zu spät, um einen Aufpasser zu engagieren. Ich muß also komplizierte Absprachen mit den Nachbarn treffen. Treasure sitzt mit einem ziemlich verdrießlichen Gesicht im Wagen.

»Was ist los?«

»Du läßt mich nicht zu Rosie oder Andrew gehen. Du hast mir nicht erlaubt, sie zu treffen.«

Ihre Verlogenheit verschlägt mir die Sprache. Nichts dieser Art habe ich gesagt. Ich brülle: »Ich WOLLTE, daß du um sechs gehst.«

»Halt an«, kreischt Treasure. »Halt an. Ich will nicht in die Bibliothek.«

»Du wirst verdammt noch mal auch nicht in die Bibliothek gehen.« Ich fahre stürmisch um den Block. »Du bleibst zu Hause und gehst um sechs, genau wie geplant.« Ich lasse Treasure am Ende der Straße raus. »Ich gehe einkaufen«, sage ich. »MACH DICH AN DEINE ARBEIT.«

»Ich kann hier nicht arbeiten«, heult Treasure. »Ich kann besser in der Bibliothek arbeiten, wo ich all die richtigen Bücher um mich habe.«

Oft kommen Jungs in die Bibliothek zum Lernen. Treasure ist jetzt angespannt und blaß. Das Schreckgespenst Prüfung rückt bedrohlich näher. Trotzdem zögert sie. Trotzdem sind die laute Musik im Hintergrund, das Strobe, die Freunde, die Telefongespräche, die endlosen Busfahrten und die Fahrt zur Bibliothek ein absolutes Muß. Sie bringt es nicht fertig, auch nur den kleinsten Abstrich zu machen. Das Wort Opfer ist Treasure ein Greuel.

»Geh nach Hause und ARBEITE«, schreie ich. »Oder du wirst nirgendwo mehr hingehen.«

Treasure schaut verblüfft. Sie kann meine Reaktion beim besten Willen nicht verstehen. Sie hat getan, wie ihr geheißen.

Hier ist sie, bereit, sich an ihre Wiederholung zu setzen. Sie macht es zu Hause, ganz wie befohlen.

»Warum bist du böse auf mich?« fragt Treasure. »Immer bist du böse auf mich.«

Treasure spricht von Boyfriends

Treasure und ich fahren auf der High Street an einem Trio von blassen Jugendlichen vorbei. »O mein Gott«, trillert Treasure. »Schau nur. Das ist Barry Tate. Lizzies letzter Freund.« Sie deutet auf einen mit Pferdeschwanz und halb geschorenem Kopf.

»Das muß ich unbedingt Lizzie erzählen. Sie wird's nicht glauben. Ich bin vor ihr mit ihm gegangen.«

Das ist mir neu. Weder kann ich mich an den Namen Tate erinnern noch an Ausflüge ohne die Gang. Ich verlange Aufklärung. »Was meinst du mit ›gegangen‹?«

Treasure ist sofort auf hundertachtzig. »Halt doch mal die Klappe, Mami.« Ich habe ihr mit meiner Frage alles verdorben. »Du bist so doof.«

Ich gebe nicht voreilig auf. »Aber wohin gegangen?«

Das Maß dessen, was Treasure ertragen kann, ist voll. »Warum fragst du das? Andere Mütter tun das nicht. Die sagen einfach ›Oh, wie schön‹. Warum kannst du das nicht?«

In gespannter Stimmung fahren wir weiter. Ich mag zwar neugierig sein, aber zumindest kritisiere ich Treasures Wahl nicht. Sie hingegen kritisiert meine und ist außerdem noch stinkneugierig.

»Warum ruft ER immer an?« fragt sie mit einem höhnischen und vielsagenden Grinsen. »Ist ER dein Freund?« Es fällt mir schwer, vertrauensvoll ja zu sagen.

»Er ist einfach ein Freund von mir«, erwidere ich prüde.

Als Treasure ihn eines Tages in der Küche erspäht, wirbelt sie herein, um ihn genauer unter die Lupe zu nehmen. Plötzlich ist sie eine eifrige Sandwich- und Teemacherin und eine hingebungsvolle Hundebesitzerin, die das Tier bürstet und füttert. Für alle diese Tätigkeiten muß sie sich endlos lang in der Küche aufhalten und kann sich gerade noch ein süffisantes Grinsen verkneifen. Und das alles zu einer Zeit, wo sie gewöhnlich vor dem Fernseher hängt und sich Seifenopern reinzieht. Sie hat jetzt keine Wahl.

»Er ist dick«, sagt sie später ziemlich unverblümt. »Bäh. Er ist so fett. Kannst du keinen Besseren finden?« Sie betrachtet mich mitleidig. Nicht nur ist sie von meiner Wahl abgestoßen, es dämmert ihr auch, daß dadurch ihr Zugang zum Telefon eingeschränkt wird. Noch eine Person, die die Leitung blokkiert. Sie wird unheimlich mißtrauisch und verfolgt scharf die Entwicklung meiner Romanze.

»Was glaubst du, wer dran ist?« fragt sie auf ihre vernichtende Art. »ER?« Niemals kommt sie auf die Idee, es könnte Grandma mit den letzten Neuigkeiten von *Coronation Street* sein. Sie trödelt herum, flüstert ihre Kommentare, oder sie stolziert durchs Zimmer und weigert sich, den Raum zu verlassen, wenn ich sie darum bitte. Neulich hat sie besonderen Anstoß an ihm genommen, als er anrief und ihr empfahl, ihre Mutter unverzüglich ans Telefon zu holen. Treasure mag keine strengen Anweisungen. Jetzt nimmt sie seine Telefonate frostig entgegen, hält den Hörer einen halben Meter vom Ohr und verzieht dabei widerwillig das Gesicht. »ER.«

Sekunden bevor ich zu einer Verabredung aufbreche, wird Treasure häufig von einer mysteriösen und blitzartig auftretenden Krankheit niedergestreckt.

»Ich bin krank«, schreit sie. Die Stimmbänder scheinen der einzige Teil ihres Körpers zu sein, in dem noch Kraft steckt. Bläßlich und zerzaust schwankt sie in ihrem Nachthemd zur Tür, wenn ich gehe. »Wie kannst du einfach ausgehen? Ich bin dir egal. Wenn du dich entscheiden müßtest, ER oder ich, du würdest IHN nehmen.«

Als Verfluchte gehe ich aus dem Haus und lasse meine kranke Tochter allein mit dem Hund und dem Babysitter zurück. Wegen ihrer verzweifelten Last-Minute-Rufe nach Zitrone mit Honig, Kopfschmerztabletten und einem Kuß bin ich zu spät dran. Der Effekt meines parfümierten Entspannungsbades ist dahin. Schuldgefühle und Hast haben meine Haut altern lassen. Mein Gesicht sieht aus wie eine Scheibe Corned beef.

Treasures soziales Leben floriert mittlerweile. Die Boyfriends rufen gleich dutzendweise an und fallen in Scharen ein. Ich weiß immer noch nicht, was »mit jemandem gehen« bedeutet. Diese Frage beschäftigt mich schon seit Jahren. Treasure hat den Begriff oft in ihrer Anfangsphase erwähnt, als sie niemals ohne Beaufsichtigung ausging. Sie konnte mit »jemandem gehen«, ohne mit ihm auszugehen. Sie kann es immer noch. Aber die Dinge verändern sich. Statt der Pferdebilder und Hundezierstreifen, die immer ihr Zimmer schmückten, hängen dort jetzt Bilder und Fotos von starken Typen. Dennoch kein Hinweis auf Barry Tate. Niemand mit geschorenem Kopf. Noch nicht.

Treasure fragt zuviel

Diese Woche ist Treasure an der Reihe, die Gang zu bewirten.

»Kann Andrew über Nacht bleiben, wenn er nicht mehr nach Hause kommt?«

»Ja«, sage ich. »Er kann auf dem Sofa schlafen.«

Diese Antwort haut Treasure um. »Was? Warum auf dem Sofa?« fragt sie mit weit aufgerissenen Augen und heruntergefallenem Kinn. Sie ist die Unschuld selbst.

»Er kann schlecht in deinem Zimmer schlafen.«

»Warum nicht? Was hast du?« Treasure starrt mich ratlos an.

Sie will es genau erklärt haben. »Du kannst einen Jungen nicht in deinem Zimmer schlafen lassen.«

»Was?« Treasure schmeißt sich aufs Sofa, kugelt sich vor Lachen und strampelt mit den Beinen. Sie setzt sich gerade hin. »Das ist doch nicht dein Ernst. Ich glaub', mein Hamster kräht. Bist du altmodisch.« Sie kugelt sich wieder auf dem Sofa herum und mokiert sich laut über meinen Kommentar.

»Was glaubst du wohl, was wir tun?« höhnt sie. »Wir sind Freunde. Wir schlafen immer zusammen.« Diese verheerende Neuigkeit verkündet Treasure zwei Minuten vor meinem Aufbruch ins Kino. Ich bin im Begriff, sie im entscheidenden Moment alleine zu lassen. »Du wirst es hier jedenfalls nicht tun«, schleudere ich ihr entgegen. »Ich werde mit Andrews Eltern sprechen.«

»Tu das«, sagt Treasure eisig. Ihr Spott hat sich in Abscheu verwandelt; ihre Reinheit und Unschuld sind von meiner schmutzigen Fantasie besudelt worden.

Als ich zurückkomme, sitzt Treasure ruhig, sanftmütig und allein im Nachthemd vor dem Fernseher. Sie ist gerade von ihren Freunden nach Hause begleitet worden, nachdem man den Abend damit verbracht hatte, bei Richard mit Richards Mutter fernzusehen. Alles sehr harmlos, aber das ist nur eine temporäre Erleichterung. Für Silvester kündigt Treasure Pläne an, bei denen sich mir die Nackenhaare aufstellen. Rosie hat sie für mehrere Tage in das Cottage ihres Vaters in Norfolk eingeladen.

»Sie will achtzehn Leute einladen«, sagt Treasure total begeistert. »Soviel können dort übernachten. Ihr Vater erlaubt es, und er ist nicht dabei.«

Hat dieser Mann den Verstand verloren? Treasure muß was falsch verstanden haben. Aber nein. Rosie bestätigt es.

»Wir sind dort vom zweiten bis zum siebten«, sagt sie und umarmt dabei Treasure, und beide hüpfen auf der Veranda auf und nieder.

»Wie nett«, sage ich, insgeheim immer noch davon überzeugt, daß es sich um ein Hirngespinst handelt. Welcher nur halbwegs vernünftige Erwachsene würde achtzehn vierzehn- bis sechzehnjährigen Jungs und Mädchen erlauben, mehrere Tage unbeaufsichtigt in seinem Haus zu verbringen? Ich beschließe, mich nicht verrückt machen zu lassen, solange die Idee nicht in die Tat umgesetzt wird. Wie dem auch sei, für die Zwischenzeit hält Treasure einige Pläne für mich bereit, über die ich mich aufregen kann – eine Party plus Übernachtung, wenn die Prüfungen vorbei sind. Ihr neues Ziel im Leben heißt: gemeinsamer Schlafraum.

Ich rufe Andrews Mutter an. Wie denkt sie darüber? Sie findet die Sache okay. Total unschuldig. Sie sieht die Angelegenheit völlig gelassen und liberal, aber ihr Kind ist männlich und fünfzehneinhalb. Ich versuche es bei Chloes Eltern. Bislang übernachtet kein Junge in ihrem Haus, sagt der Daddy, und wird es auch nicht. Weniger liberal. Ich führe eine Meinungsumfrage unter den Nachbarn durch. Nicht überzeugend. Trennst du sie nach Geschlechtern, schleichen sie in der Nacht durch die Gegend. Bist du repressiv, gehen sie irgendwo anders hin. Gibst du dich zu freizügig, benehmen sie sich verächtlich.

Ich denke an die gemeinsamen Schlafräume zu meiner Zeit (zu meiner Zeit meint zwischen sechzehn und einundzwanzig), wenn die Eltern nicht zu Hause waren. Es gab kaum Drinks, keinen nennenswerten Sex und keine Drogen. Jahrelang ging das so. Einer hat mal an die Tapete im Flur gekotzt. Aber die Zeit der Unschuld scheint heutzutage früher vorbei und weniger unschuldig zu sein.

In der Annahme, daß sie immer noch mit uns ist (die Zeit der Unschuld), erlaube ich Treasures Übernachtungsfete –

ein Junge und fünf Mädchen im Wohnzimmer, ein depressiver Junge oben alleine (er hat noch Prüfungen und muß sich ausruhen). Ich schaue am andern Morgen nach. Unten sieht es aus wie in einer Jugendherberge, und Heuschrecken sind über die Schokokekse hergefallen. Mehr weiß ich nicht.

Treasures gutes Zeugnis

Es ist Elternabend, eine meist reichlich unerfreuliche Angelegenheit für mich, aber diesmal ist es anders. Alle Lehrer bestätigen mir, daß sich Treasures Benehmen unheimlich verbessert hat. Sie ist jetzt ein ruhiges und angenehmes Kind. Zwei große Kunstarbeiten von ihr sind in der Eingangshalle ausgestellt. Die Lehrer fragen mich, was passiert ist. Nichts, dessen ich mir bewußt bin. Unser gemeinsames Leben ist so grausam wie eh und je. Doch in der Schule ist Treasure ein Schatten ihres teufelhaften Selbst geworden.

Man äußert nur eine kleine Sorge. Ist sie wirklich da? Manchmal wirkt sie abwesend wie eine Traumtänzerin, sagen ein oder zwei Lehrer. Vielleicht ist sie körperlich präsent, während sich ihr Geist ins Strobe verflüchtigt hat, zum Tanzen, stage-diving und um ihrem Lieblingsrausschmeißer einen Orangensaft abzuschwatzen.

Ihr gesellschaftliches Leben ist im Moment zu spannend, um es in Worte zu fassen. Vermutlich spukt es durch ihren Kopf und verschleiert Partizipien, quadratische Gleichungen und den Aufbau des Verdauungssystems. Es löscht unser akademisches Leben zu Hause weitgehend aus. Treasure ist nicht in der Lage, ruhig und friedlich zu lernen. Sie tigert herum wie eine Bestie im Käfig, die nur von lauter Musik, kreischen, telefonieren, Haare waschen und baden besänftigt wird. Sie fegt rein und raus wie ein Jo-Jo, als ob sie das Innere des Hauses abstoßen würde. Sie hält es für ihre Pflicht, auszugehen, wegzubleiben, an den Wochenenden nicht zu schlafen und weder Zeit noch Energie auf Hausaufgaben zu verschwenden.

Deshalb habe ich die Regel aufgestellt: Nur ein exzessiver Abend am Wochenende. Treasure versucht, diese Regel zu ignorieren. Als ich sie am Freitag zu Chloe fahre, offenbart sie mir im Auto ihre Pläne. Morgen wird sie ins Strobe gehen und am Sonntag zu Andrew.

»Du wirst Sonntag überhaupt nicht weggehen.«

»Warum nicht? Ich habe dir doch schon vor Wochen gesagt, daß ich dahin will. Wie kannst du nur so gemein sein?« Treasure schaltet auf Popmusik. Es regnet, und wir stecken im Freitagabendstau fest.

»Stell das leiser. Du solltest eigentlich nicht mal heute abend weg.«

»Ich muß aber.« Treasure ist mit den Nerven am Ende. »Ich hab's versprochen. Ich habe Chloe seit Wochen nicht gesehen. Und ich muß Andrew besuchen. Er hat mich eingeladen.«

»Nicht ums Verrecken«, schreie ich.

Treasure kreischt wie gewöhnlich was von Mißhandlung und wechselt zum nächsten Popsender. Ich frage mich, warum ich sie überhaupt irgendwohin fahre. Aufgebracht durch die Musik, Treasures Beleidigungen und meine eigene Unfähigkeit, einmal aufgestellte Regeln auch konsequent durchzuziehen, setze ich zu einem selbstmörderischen U-Turn in der Holloway Road an.

»Was machst du denn?« kreischt Treasure. »Du bist verrückt.« Sie hat recht. Was habe ich davon? Der Verkehr staut sich meilenweit in beide Richtungen. Ich kann nicht zurück, es schüttet wie aus Eimern, Treasure weint. »Bitte nicht«, bettelt sie. »Bitte, fahr mich zu Chloe.«

Um uns herum hupen, grölen und gestikulieren die Autofahrer. Sie sind begeistert, wieder eine unfähige Frau am

Steuer entdeckt zu haben, über die sie sich lustig machen können. Ich mache meinen U-Turn rückgängig. Ich schreie, Treasure schluchzt. Wir fahren weiter. Ich drücke wütend auf den Radio-3-Knopf. Schmusemusik – das ist das letzte, was ich jetzt gebrauchen kann. Ich drücke Radio 4. Treasure wagt weder zu sprechen noch an den Knöpfen herumzufummeln. Mein wüste Fahrerei hat sie verstummen lassen.

Zitternd und bleich kommen wir bei Chloe an. Treasure und Chloe müssen um halb elf ins Bett. Keiner wagt ein Widerwort. Heulend gehe ich zum Auto zurück.

Wenn ich an dieses und ähnliche Ereignisse denke, trifft mich der Bericht des Elternabends eher wie ein Schock.

»Was haben sie gesagt«, fragt Treasure, kaum daß ich zur Tür herein bin. »Du mußt mir alles erzählen.« Ich erzähle. Treasure findet, daß eine Belohnung durchaus angebracht ist.

»Jetzt, wo ich so gut gewesen bin, möchte ich dich um einen Gefallen bitten. Kann ich zu *Impetigo* am Leicester Square gehen? Bitte, bitte. Das Konzert geht bis vier Uhr morgens, und ich hab' mir schon ein Ticket gekauft.«

»Nein, kannst du nicht.«

»Aber das ist in den Ferien.« Treasure ist wieder mal erstaunt. »Und ich bin so gut gewesen. Ich tue alles, was man mir sagt, ich bin nie zu spät, ich rufe immer an und sage dir, wo ich bin, und du, du bist IMMER NOCH scheußlich zu mir.«

Treasures weihnachtsbedingtes Dilemma

Treasure und ich kämpfen und quetschen uns durch die schwer bepackte und mürrische Horde von Weihnachtseinkäufern. Hier, mitten in der Stadt, ist Treasures Lieblingsplatz. Sie ist völlig versessen darauf, einen dicken Batzen ihres gesparten Taschengelds in Geschenke zu investieren. Wir können uns kaum noch auf den Beinen halten. Treasure braucht nur noch ein einziges Geschenk, nämlich das für mich. Da erblicken wir den armen Mann.

Er sieht sehr arm aus – eine alte, blasse, kranke und zerlumpte Version von Grandpa. Seine Nase tropft, und in seinen zitternden Händen hält er ein paar Schachteln Streichhölzer.

Treasure will ihm Geld geben. Wir geben ihm beide etwas. Zyniker könnten sagen, daß er irgendwo einen Rolls-Royce versteckt hat, aber Treasure und ich sind davon überzeugt, daß er wirklich elend dran ist.

»Wir hätten ihm mehr geben sollen.« Verzweifelt betritt Treasure Marks and Spencers. »Warum hast du ihm nicht mehr gegeben? Geh zurück.«

»Er wird noch da sein, wenn wir wieder rauskommen.«

Aber Treasures Ausflug ist ruiniert. In blinder Wut stampft sie durch den Laden. »Es ist zum Kotzen«, faucht sie. »Schau dir bloß diese Frau im Pelzmantel an.« Ihre Stimme steigt drohend an und bringt die Kunden um uns herum in Verlegenheit. »Was für eine Geldverschwendung.« Treasure ist Sozialistin geworden.

»Ich halte es hier nicht mehr aus«, schimpft sie im Fahrstuhl. »Schau sie dir doch an. Schau dir doch nur das ganze Zeug an, das sie gekauft haben. Ich will nichts mehr kaufen. Ich will das Geld diesem Mann geben.«

»Prima Idee«, sage ich. »Das ist sehr lieb von dir.«

»Was ist mit deinem Geschenk?«

»Ich habe genug Geschenke.« Ich bin hingerissen von Treasures Selbstlosigkeit, die für ein vorzeitiges Ende unseres Einkaufsstresses sorgt. Wir kämpfen uns zurück auf die Straße, durch die verwerfliche Masse von kapitalistischen Geldausgebern. Ob er immer noch da ist? Ja. Da ist er, bleich und zittrig, und hält die fürchterlichen Streichholzschachteln in der ausgestreckten Hand. Treasure eilt zu ihm hin und stopft ihm ihr gesamtes Geld in die Hand. Er läßt ein paar Schachteln fallen. Treasure hebt sie auf.

Sie fühlt sich auf dem Nachhauseweg ziemlich merkwürdig. Sie muß unbedingt mit jemandem telefonieren, jemanden besuchen, herumfegen. Sie möchte mit jemand Feinfühligem darüber reden. Sie eilt zu Lizzie, um ihr von dem Mann zu erzählen, während ich mir eine entspannende Teepause gönne. Zehn Minuten später klingelt es Sturm. Es ist Treasure. Sie ist total aufgelöst.

»Ich hasse sie. Die blöde Kuh. Ich hasse sie.« Treasure wirft sich aufs Sofa und schluchzt verzweifelt.

»Was ist los? Was hat sie gesagt?«

»Sie hat gesagt, ich wäre dumm«, heult Treasure. »Ich habe ihr von dem Mann erzählt, und sie hat gesagt: ›Solche Leute sollten tot sein.‹« Ich bin von Lizzies herzloser Antwort erschüttert, aber Treasure quälen schreckliche Zweifel. »Ich bin so dumm. Warum habe ich das getan? Ich hätte es nicht tun sollen.«

»Doch. Es war sehr lieb von dir.« Treasure ist nicht überzeugt. Ich lege noch einen drauf, lobe ihre Tat und ihren Charakter in den höchsten Tönen, aber sie glaubt mir nicht. Es ist bitter zu sehen, daß all meine Überredungskunst nichts ist im Vergleich zu einem beiläufig fallengelassenen Kommentar, einem faschistischen Kommentar sogar, von jemandem aus der Gang. Das muß Gruppenzwang sein.

Treasure will keinen Trost. Sie wird nie mehr wieder mit Lizzie reden. Sie plant, während der Feiertage eine Suppenküche aufzumachen und jede freie Minute den Obdachlosen und Entwurzelten zu widmen. Ich soll mitmachen. Grausige Aussichten für die unmittelbare Zukunft.

Ich erwähne gegenüber Grandpa den armen Mann. Er ahmt die Geste mit den Streichholzschachteln nach, glücklicherweise in Treasures Abwesenheit. Ich befehle ihm, sich *niemals* in Gegenwart seiner Enkeltochter über den armen Mann lustig zu machen. Wie wird das Kind damit zurechtkommen? Es sind nicht nur Sex, Drogen, Prüfungen und Gewalt. Jetzt muß sie sich auch noch mit den Schwierigkeiten des Idealismus rumschlagen.

Treasure, die Romantische

Treasure ist im Moment ziemlich beschäftigt mit Romanzen – ihre eigenen und denen aller anderen. Ich schnappe fesselnde Bruchstücke ihrer Telefonschätzchen auf: der-und-der geht, geht nicht, will, will nicht mit der-und-der gehen. Ich darf über dieses Thema nicht diskutieren. Manchmal bekomme ich einen kryptischen Hinweis, ein Statement wie ›Rosie will Andrew fallenlassen‹, das ich aber nicht kommentieren darf.

Das elende Wort »knutschen« ist zu einem festen Bestandteil von Treasures Vokabular geworden. Wenngleich als solches relativ unschuldig, kündigt es den Beginn von Sex an, ein Thema, über das Treasure und ihre Kumpels sich nonstop das Maul zerreißen. Ich darf weder an diesen Gesprächen teilnehmen noch eine Meinung dazu äußern, denn für Treasure steht fest, daß ich nichts weiß und sie alles.

Sie lebt in einer freien neuen Welt, in der Informationen und Kondome kostenlos und großzügig auf sie herabregnen. Sie weiß Bescheid über Geschlechtskrankheiten, Abnormitäten, bizarre sexuelle Neigungen, Abtreibungen, Fehlgeburten, Knutschflecken, Blasen und Runterholen. Ich bin darüber ziemlich deprimiert. Es ist nicht die Sorte von Wissen, mit der ich ihren Kopf vollgestopft wissen will.

Treasure wird gut damit fertig. All diese grausigen Informationen scheinen sie nicht im geringsten zu beunruhigen. Im Gegenteil. Sie sammelt sie, wo immer sie ihrer habhaft werden kann – bei Freunden, in ihren Zeitschriften, im Strobe. Letzte Woche veranstaltete das Strobe freundlicherweise einen Aids- und Kondome-Informationsabend. Treasure und Rosie amüsierten sich prächtig, indem sie Kondome mit Wasser füllten und sie über den Köpfen ihrer Freunde platzen ließen. Dabei erwischte Treasure versehentlich einen Schlechtgelaunten, der ihr fast den Schädel eingeschlagen hätte und zurückgehalten werden mußte. Doch sie und Rosie kamen fröhlich nach Hause, schwer bepackt mit kostenlos verteilten Kondomen. Offensichtlich hat Treasure jetzt ein Vorratslager in ihrem Schlafzimmer angelegt.

Ich kann mir nicht helfen, aber ich muß diese Zeit mit meiner eigenen Jugend vergleichen, als Jennifer Wickenden, fünfzehn Jahre alt, eines Tages in die Schule kam und uns erzählte, ihre Schwester hätte geheiratet und gesagt, »es mit ihrem Mann zu treiben« wäre schön. Wir waren getroffen bis ins Mark. Treasure, der die Unterwelt aus Sex, Drogen und Gewalt nicht nur vom Fernsehen her bekannt ist, läßt das alles relativ kalt.

Während ich als Aushilfslehrerin in der Innenstadt arbeiten muß, stelle ich fest, daß Aufklärungsunterricht heutzutage erschreckend offen ist. Neulich hatten wir eine Kondom-Vorführung für Zehn- und Elfjährige. Die Lehrerin hielt ein Kondom hoch und zog es auseinander und blies es in fortschrittlich-sorgloser Manier wie einen Luftballon auf. Niemand lachte. »Welche anderen Verhütungsmethoden gibt es noch?« fragte die Lehrerin. Die Schüler antworteten gehorsam. Bei den intrauterinen Geräten kamen sie ein bißchen durcheinander.

»Sprecht mir nach«, sagte die Lehrerin streng und brüllte jedes Wort einzeln heraus. Wieder zurück bei den Kondomen, meldete sich ein reichlich keckes Kind zu Wort.

»Bitte, Miss«, sagte sie. »Sie können die Dinger auch mit einer Feder am Ende bekommen.«

»Nein, das kann man nicht«, schwindelte die Lehrerin ärgerlich.

»Doch, Miss. Ich habe es in einem Buch gesehen.« Ich wüßte nur zu gern, in welchem Buch, aber als Aushilfslehrerin muß ich mich bei solchen Diskussionen im Hintergrund halten.

»Nein.« Die Lehrerin schien nicht scharf darauf, sich auf diese Debatte einzulassen.

»Das gibt es wohl«, meldete sich von hinten ein Junge mit glockenklarer Stimme, in der ein Hauch von Autorität mitschwang. »Die ist für erotisches Vergnügen.«

Das verschlug selbst der Lehrerin die Sprache, und sie war eine mutige Frau. Sie hatte die Klasse bereits mit Schautafeln über Menstruation, Binden und Tampons, detaillierten Zeichnungen der menschlichen Genitalien in Lebensgröße und einer langen Liste der »Worte, die wir zu Hause benutzen«, geschmückt – eine Auswahl reichlich ordinärer Bezeichnungen für gewisse Körperteile und ihre physischen Funktionen.

Später erschien Mrs. S., eine Mutter. »WIR benutzen solche Worte nicht bei uns zu Hause«, sagte sie, das Kinn angewidert zerknittert. »Wir auch nicht«, pflichtete ich heimtückisch bei.

Glücklicherweise ist Treasures Schule weniger fortschrittlich. Sie haben angefangen mit Blumen und sind jetzt gerade bei den Kaninchen. Ich fühle mich ziemlich erleichtert. Wenn Treasure schon in der modernen Welt leben muß, sei ihr wenigstens eine Verschnaufpause gegönnt. Sie darf ihre Uniform tragen und sich mit Kaninchen beschäftigen, wenigstens für ein paar Jahre noch.

Ein gefährlicher Abend

Ich habe Treasure an einem Samstagabend allein gelassen, derweil ich ins Theater gehe und sie auf Rosie wartet. Treasure hat mir hoch und heilig versprochen, um 19 Uhr 15 die Leitung freizuhalten, damit ich sie anrufen und nachfragen kann, welche Verabredungen sie getroffen hat.

Ich rufe vor Theaterbeginn um 19 Uhr 15 an. Besetzt. Ich rufe in der Pause um 20 Uhr 45 an. Besetzt. Es fällt mir schwer, mich zu entspannen. In diesem alternativen Theater wird viel herumgeschrien und nackt herumgelaufen, und das alles drei Meter vor meiner Nase. Und was macht Treasure?

Ich rufe nach dem Theater an. Niemand hebt ab. Dieses kleine Biest ist ausgegangen. Bloß wohin? Das Strobe habe ich verboten, weil Treasure die ganze Woche gekränkelt hat. Ich kann mich nicht dazu entschließen, nach dem Stück noch einen gemütlichen Drink mit Freunden zu nehmen. Es zieht mich nach Hause, um Treasures Verbleib herauszufinden. Ich komme in ein leeres Haus. Keine Nachricht, kein Hinweis. Ich rufe alle Freunde in der Umgebung an. Keine Treasure. Mein Magen spielt verrückt. Ich renne zitternd zu Mrs. Perez und bitte um eine Zigarette. Ich beschließe, mit dem Hund die Straßen abzulaufen, das Strobe zu durchsuchen und dann erst die Polizei zu rufen.

Ich gehe los. Meine Gedanken sind bei ermordeten jungen Mädchen. Ich fange an zu klappern. Man hat mir geraten, Treasure nicht anzuschreien, wann und wo immer ich sie finde.

Als ich mich dem Strobe nähere, entdecke ich sie, wie sie munter alleine über die Straße rennt. Dies ist das einzige, was ich ihr absolut verboten habe – nachts alleine draußen rumzurennen. Es ist 23 Uhr 40. Ich schlage sämtliche guten Ratschläge in den Wind und brülle los. »WAS HAST DU HIER VERLOREN?«

Treasure hüpft fröhlich auf mich zu. Ich kreische wie eine Verrückte.

»Was unterstehst du dich, dich hier alleine rumzutreiben?«

»Ich kann alles erklären. Laß mich erklären.« Treasure gibt sich angesichts einer rasenden Wahnsinnigen erstaunlich distanziert. »Meine Freunde sind an der U-Bahn-Station«, sagt sie. »Ich wollte gerade über die Straße zu ihnen gehen.« Sie beharrt darauf, daß auf beiden Seiten der Straße Freunde und Begleiter sind und sie lediglich dabei war, von einer Gruppe zur anderen zu wechseln. Abrahams Schoß hätte sicherer nicht sein können.

Ich bin immer noch wütend. Mir schwillt der Hals, ich bringe vor Zorn kein Wort heraus. Ich jage Treasure nach Hause. Sie kämpft weiter mit ihren Erklärungen. Dreißig ungeladene Gäste wären gekommen, sagt sie. Sie hätten Gott und die Welt angerufen, wären mit ihrer Geige auf die Straße hinaus, hätten Küche und Badezimmer mit Beschlag belegt. Treasure wäre zu Jane, der Nachbarin, gelaufen, um Hilfe zu holen. Jane hätte die ganze Bande ruck, zuck rausgeschmissen. Doch überwältigt von dieser gräßlichen Erfahrung hatte Treasure ein dringendes Bedürfnis verspürt, ihre Freunde an der U-Bahn-Station zu treffen, und sie hatte vergessen, daß sie eigentlich zu Hause bleiben wollte, und sie hatte auch vergessen, mir eine Nachricht zu hinterlassen.

»Ich werde es nie mehr tun«, weint sie.

»Darauf kannst du Gift nehmen«, sage ich grausam wie immer. Ich verbiete das *Impetigo*-Konzert nächste Woche. Treasure interpretiert meine Wut falsch. Sie glaubt, daß meine wahnsinnige Sorge um ihr Wohlbefinden etwas mit nicht mögen zu tun hat.

»Du haßt mich«, schluchzt Treasure und geht verzweifelt ins Bett.

Als ich am nächsten Morgen aufwache, fühle ich mich krank und bin ziemlich mies gelaunt. Mein Hals hat sich noch nicht ganz erholt. Unter meinen Beratern herrscht allgemeiner Konsens darüber, daß anständige Erwachsene weder schreien noch brüllen. Sie haben sich unter Kontrolle. Ich gebe Treasure ein grauenhaftes Beispiel und lehre sie, sich als Verrückte nach meinem Ebenbild zu entwickeln. Ich würde am liebsten in eine Höhle kriechen und für die nächsten zehn Jahre mein Leben als Einsiedlerin fristen. Aber wer wird sich in der Zeit um Treasure und den Hund kümmern? Sie würden sich verlassen fühlen, wenngleich ein vernünftiger Ersatz nur in ihrem Interesse wäre.

Glücklicherweise gestattet sich Mrs. C. von weiter oben in der Straße, ihren Kindern wie eine Geisterbeschwörerin hinterherzuschreien. Ich habe Mrs. C. immer für mehr als gleichwertig gehalten. Wir stehen im Wettstreit um den Titel des lautesten Schreihalses. Ich fühle mich schon etwas besser. Außerdem macht Treasure in Küche und Bad freiwillig Hausputz, während ich mit dem Hund spazierengehe.

Dennoch nehme ich mir vor, niemals mehr zu schreien. Treasure leistet mir bei meinem Vorsatz keinerlei Hilfestellung. Ich verlege mich darauf, nur noch in zivilisiertem Ton mit ihr zu verkehren, ganz gleich, ob es dabei um Lob oder Tadel geht. Aber Treasure tut so, als würde ich nach wie vor schreien.

»Das Abendessen ist fertig«, sage ich unheimlich höflich.

»Beruhige dich«, gellt das Goldstück. Sie ist jetzt offensichtlich darauf programmiert, Instruktionen im oberen Dezibel-Bereich zu empfangen. Ich atme tief durch. Das Essen wird kalt. Wie lange wird es dauern, bis Treasure mein neues Verhaltensmuster lernt? Werde ich durchhalten?

Treasure nimmt ein Bad

Der Hund und ich sind gerade von unserem täglichen Marsch über die Hügel von Hamstead Heath zurückgekehrt. Es war elendig kalt gewesen. Ich brauche unbedingt ein schönes heißes Bad. Ich melde mein Begehren an.

»Nein. Das geht nicht.« Treasure gerät in Panik. Sie hat seit zwei Tagen nicht mehr gebadet und kann unter keinen Umständen auch nur noch eine Minute länger damit warten. »Ich wollte gerade baden«, stöhnt sie.

»In Ordnung.« Ich gebe nach. Ich fühle mich zu schwach zum Kämpfen. »Laß das Wasser drin.« Wie ein Arktisgeher trotte ich zum Schreibwarenladen. Doch als ich zurückkehre, sitzt Treasure immer noch nicht in der Badewanne. Daisy ist aufgekreuzt. Sie sind ungeheuer beschäftigt mit Telefonieren und Videogucken.

»Was ist mit deinem Bad?«

»Du kannst zuerst«, sagt Treasure großzügig.

Freude. Ich eröffne das Zeremoniell. Radio und Telefon, Tee und Toast in Reichweite, Blaubeerbadeschaumkugeln, Passionsfruchtöl, Bananenschampon, Aprikosenrubbelcreme fürs Gesicht. Angezogen von dem Duft von Obstsalat kommt der Hund ins Badezimmer, um einen Schluck von dem aromatischen Badewasser zu nehmen. Ich sinke in den duftenden Schaum. Zwei wunderbare Minuten der Stille vergehen.

Dann ein wütendes Hämmern an der Tür. Treasure steckt den Kopf herein, begleitet von einem scharfen Nordwind aus dem Flur.

»Wie lange willst du noch da drinbleiben?« fragt sie mit feindseligem Blick und hält die Tür sperrangelweit offen.

»Eine halbe Stunde.«

»Was?« Treasure ist perplex. »Du bist so egoistisch. Ich habe schon eine Stunde gewartet. Warum brauchst du so lange?«

Durch das Telefonieren und Herumgequietsche scheint ihr Zeitgefühl etwas durcheinandergeraten zu sein.

»Mach die Tür zu, oder ich bleibe noch länger drin.«

»Das ist unglaublich.« Treasure ist außer sich. »Würdest du dich bitte beeilen«, sagt sie in drohendem Ton.

»Nein. Verschwinde.« Ich bin ihr lange genug entgegengekommen. Treasure knallt die Tür zu und stampft wütend in ihr Zimmer. Ich höre das entfernte Hämmern dröhnender Popmusik. Die Schaumblasen sind verschwunden, das Badezimmer ist kalt, das Wasser grau. Ich tue so, als ob ich mich entspanne. Da mein Bad alles andere als einladend aussieht, denke ich mir, daß Treasure lieber frisches Wasser hätte. Wieder falsch. Nachdem Treasure das Geräusch von auslaufendem Badewasser vernommen hat, stürzt sie fuchsteufelswild ins Badezimmer, bereit, einen Mord zu begehen.

»Warum hast du das getan?« schreit sie. »Du weißt doch, daß es kalt wird.« Treasure hat recht. Zweimal Badewasser hintereinander ist ein unheimliches Risiko. Wenngleich der Tank groß und jeder Radiator im Haus mit brühend heißem Wasser gefüllt ist, kann es während des Einlaufens für das zweite Bad wie durch Zauberei die Temperatur von Gebirgswasser annehmen. Meine Nerven werden auf eine harte Probe gestellt. Wird das Wasser kalt? Wird unser Tag die Hölle auf Erden? Ich prüfe das Wasser in regelmäßigen Abständen. Die Sache steht auf Messers Schneide. Es scheint heiß zu bleiben.

Mutig rufe ich Treasure.

»Es ist kalt«, lügt sie. Untertänigst eile ich in die Küche, nichts mehr wünschend, als die Prinzessin von Nord-London zu erfreuen. Rasch bringe ich einen Kessel Wasser zum Kochen, husche zurück zum Badezimmer und klopfe gehorsam an die Tür.

»Was willst du«, brüllt das Goldstück. »Laß mich in Ruhe.« Ich stelle den Kessel ab und verziehe mich in mein Schlafzimmer. Ich bin fest entschlossen, mich zu entspannen.

Ich atme tief durch und lese konzentriert meinen spannenden Roman. Ich höre, wie die Badezimmertür aufgeht. Brüllen. Dann entdeckt Treasure den Kessel. Stille legt sich über unser Haus.

Später am Tag treffen Treasure und ich auf der Treppe zusammen.

»Danke für den Kessel«, sagt Treasure. Sie läuft leicht rosa an. »Möchtest du eine Tasse Tee?«

Das Telefon: Teil 2

Unsere Telefonrechnung beträgt dreihundertfünfundzwanzig Pfund. Das finde ich überhaupt nicht lustig. Treasure offensichtlich schon. Sie ignoriert wiederholt geäußerte Bitten und vernünftige Argumente, den Gebrauch zu begrenzen, und wenn ich schließlich halb verrückt und heiser schreie: »Hör auf zu telefonieren«, grinst sie höhnisch in die Sprechmuschel.

»Sie will, daß ich aufhöre zu telefonieren«, sagt sie langsam und unheimlich cool und hält den Hörer ein Stückchen von ihrem Ohr entfernt, damit ihr Kumpel hören kann, wie ihre blöde Mutter im Hintergrund herumschreit.

Sie spielt mit ihrem Leben. Der Hund weiß es. Er hat sich unter dem Tisch versteckt und blickt zerknirscht drein, aber Treasure schert sich einen Dreck drum. Für das Telefon riskiert sie alles. Selbst nach dem kürzesten Ausflug stürzt sie sich aufs Telefon, schnappt es sich und wiegt es auf ihren Knien.

»Wen könnte ich anrufen?« fragt sie und starrt ziellos in die Luft. Sie streichelt den kleinen Plastikkörper. »Ich rufe Lizzie an.«

»Nein. Es ist noch nicht sechs.«

»Ich muß. Unbedingt.« Treasure braucht dringend ihren

nächsten Schuß. Ihre Sucht hat sich während der letzten sechs Monate verschlimmert. Sie wartet bis sechs. Sie sitzt auf glühenden Kohlen. Sie kann sich weder ausruhen noch arbeiten, noch essen. Sie pirscht durchs Haus in der Hoffnung, daß jemand anruft und ihrer Qual ein Ende bereitet. Um sechs klemmt sie sich ans Telefon und spricht und lacht lauthals. Selbst im hintersten Winkel des Gartens hätte ich mühelos jedes Wort verstehen können, aber Treasure will unbedingt, daß ich nicht lausche.

»Mach die Tür zu«, herrscht sie mich an, als ich das Zimmer verlasse. Ich weigere mich. Ich trage einen Berg von drekkigen Tassen und Tellern, Bananen- und Orangenschalen und zerkauten Joghurtbechern hinaus, die sie und der Hund liegengelassen haben. Ich habe keine Hand frei. Und wenn ich eine frei hätte, würde ich sie nicht benutzen, denn ich mag mich ebensowenig wie Treasure herumkommandieren lassen, und schon gar nicht in einem solchen Ton.

Ich möchte die Tür auch sonst nicht zumachen. Wenn der Hund drin ist, kann er nämlich allein nicht mehr raus. Er fängt an zu bellen und zu kratzen. Wenn Treasure aber telefoniert, hat sie weder Augen noch Ohren für die Bedürfnisse des Hundes. Er könnte sich die Krallen stumpf kratzen und sich taub bellen, und Treasure würde keinen Finger rühren. Ich bin bei solchen Gelegenheiten gezwungen, den Fall zu übernehmen und den Hund rauszulassen.

»Warum hast du die Tür nicht aufgemacht?« fauche ich.

»Ich habe nichts gehört«, sagt Treasure und sieht verletzt aus. »Ich hab's wirklich nicht gehört.«

Aber das Telefon hört sie immer, selbst wenn es ganz leise gestellt und unter meiner Daunendecke vergraben ist. Jemand ruft um zehn Uhr abends an, zu einer Zeit, wo Treasure eigentlich im Bett liegen sollte. »Sie schläft«, knurre ich. Aber sie hat das leise, gedämpfte Klingeln gehört. Erschöpft kriecht sie aus dem Bett.

»Wer war dran?« krächzt sie. Ohne dieses Wissen kann sie nicht schlafen. Mit auch nicht. Sie liegt wach und zerbricht sich den Kopf darüber, welchen entscheidenden Anruf sie verpaßt hat, und plant den Rückruf für den nächsten Tag. Und das ist der Haken. Halte sie heute fern, rufen die kleinen Kröten eben morgen wieder an. Die Rückrufe türmen sich, ein zusätzlicher Effekt. Ich weiß, daß morgen wieder die Hölle los sein wird: telefonieren, kreischen, streiten und gewaltsames Ende. Grandma wird, wie viele andere auch, in Hove Krämpfe kriegen, wenn sie versucht, mit uns zu telefonieren.

Ich habe das Kabel schon aus der Wand gerissen, ihr den Apparat aus der Hand geschlagen, bin tätlich geworden, und trotzdem scheinen wir einer Lösung nicht näher zu kommen. »Besorg Treasure ein eigenes Telefon«, sagen die Liberalen. »Sag ihr, ihr Verhalten ist inakzeptabel«, raten die Schlaumeier. Aber schließlich taucht Mrs. Perez mit einer möglichen Lösung auf. Was ist, wenn Treasure ein eigenes Telefon bekommt, aber nur für eingehende Anrufe? Alle könnten sie auf ihrem Apparat anrufen, und meine Leitung bleibt frei. Das einzige, worüber ich mir dann noch Sorgen zu machen brauche, ist, wann Treasure hinter ihrer verschlossenen Schlafzimmertür, festgeschweißt an ihr eigenes Telefon, ihre Hausaufgaben macht und schläft.

»Sie ahmt Sie nur nach«, sagt Mrs. Perez grausam. »Was tun Sie, wenn Sie sich aufgeregt haben? Sie rennen zum Telefon und erzählen es jedem.« Schon wieder mein Fehler. Jetzt wissen wir, wer für die Wirtschaftskrise des Landes verantwortlich ist: die Mutter vom Minister.

Treasure, die Rebellin

Treasure ist immer auf der Lauer, ob es irgendwo eine Grenze gibt, die sie überschreiten kann. Nach geglückter Aktion randaliert sie weiter, bis sie auf die nächste Grenze stößt, an der sie sich versuchen kann. Und wenn sie es auf die eine Art nicht schafft, windet und schlängelt sie sich und zieht sämtliche Register ihres gerissenen Egos.

Während der Ferien hatte ich die Zügel schleifen lassen. Sie mußten stramm gezogen werden, sobald die Schule wieder begann. Hausaufgaben mußten erledigt und Schlafenszeiten, Kleidung, Manieren und Wortschatz neu geregelt werden. Ich setze jetzt Grenzen, daß es nur so kracht. Treasure kämpft gegen alle.

Aber ich habe eine gefunden, die funktioniert – Telefongespräche sperren. Ich wähle einen Geheimcode, und danach ertönt zweimal die steril-schöne Stimme einer Dame: »Ausgehende Gespräche gesperrt.« Himmlisch. Ich kann das Haus in der beruhigenden Gewißheit verlassen, daß es zumindest eine wirkungsvolle Grenze gibt. Ich rufe Treasure von der Arbeit aus an, um ihr Wohlbefinden zu überprüfen. Sie ist fassungslos. Das ist ihr erster Tag allein zu Hause mit der Gesprächssperre, und sie kann ihn glatt vergessen. Sie ist stinkwütend. Sie kann niemanden anrufen, und sie kann auch nicht weggehen, um von einer Zelle aus anzurufen, weil sie in der Zwischenzeit eingehende Anrufe verpassen könnte. Schon aus Prinzip würde sie keine Gespräche von einer Zelle aus führen. Sie möchte richtig leiden.

»Warum hast du mir das angetan?« kreischt Treasure. »Ich hasse dich. Ich kann überhaupt nichts verabreden. Sag dem Untermieter den Code.«

Ich kann nicht. Glücklicherweise ist er mir entfallen. Selbst wenn ich aus Schwäche nachgeben wollte, könnte ich es nicht. Treasure ist aufgeschmissen.

»Geh und treffe deine Verabredungen von der Zelle aus.«

»Nein, tu' ich nicht.« Treasure gibt sich verärgert und einsilbig. Sie grunzt ein paar Antworten.

»Hast du gefrühstückt?«

Grunzen.

»Hast du Hausaufgaben gemacht?«

Grunzen. Sie hat zwei Waffen: ihren Körper und ihren Kopf. Sie wird beides vernachlässigen, und ich bin schuld. Und sie hat sich noch etwas Besonderes ausgedacht für die Schlafenszeit. Es geht ganz einfach. Genau dann, wenn die für das Lichtausschalten vereinbarte Zeit erreicht ist, kommt sie mit einer unverschämten Forderung.

»Mach bitte das Licht aus.«

»Kann ich noch dieses Buch zu Ende lesen / diesen Film sehen / Nudeln haben / den Hund im Zimmer lassen?«

»Nein.«

»Warum nicht? Nur noch fünfzehn Minuten.« Klugerweise hat sie einen Streit begonnen. Sie trampelt die Treppen runter zur Toilette. Ich habe sie aufgeregt, und wenn sie aufgeregt ist, dann kann sie nicht schlafen. Sie wird die halbe Nacht wachliegen, deshalb morgens nicht hochkommen, folglich zu spät in der Schule aufkreuzen, sie wird zu griesgrämig und zu müde sein, um sich zu konzentrieren, und die Lehrerin wird sie nachsitzen lassen. Wieder mein Fehler. Treasure wird nach Hause torkeln und darauf brennen, mit mir zu streiten.

Hin und wieder gebe ich ziemlich schlapp auf. Der Kampf wird zu erschöpfend. »Mach, was du willst«, sage ich.

Das findet Treasure nicht gut. »Du kümmerst dich nicht um mich«, jammert sie. »Ich bin dir egal.« Ihr Leben wird sinn- und zwecklos. Sie kann weder mit noch ohne Grenzen zurechtkommen. Sie ist erschöpft vom Kämpfen. Das Grenzenüberschreiten scheint eine Eigendynamik entwickelt zu haben, der Treasure sich unmöglich entziehen kann. Sie funktioniert wie ein Autopilot: darauf programmiert, selbst den klitzekleinsten, unschuldigsten Anweisungen zu trotzen.

Sie braucht dringend eine kurze Unterbrechung. Aber sie ist zu einer Party eingeladen, bei der die Nacht durchgemacht werden soll. »Sag mir nicht, ich darf nicht. Bitte. Tu's nicht«, warnt sie mich. »Weil ich sonst nämlich will.«

Das blaue Zimmer

Treasure will ihr Zimmer blau haben. Es soll dunkelblau sein – alles dunkelblau: die Wände, die Decke, das Holz, die Vorhänge, selbst der Lampenschirm. Ich gebe zu bedenken, daß sie dann womöglich nicht genug sieht, aber Treasure weiß es besser. »Chloes Lampenschirm ist dunkelblau. Ich nehme einfach eine stärkere Birne.«

Sie ist fest entschlossen, in Schwermut und Dunkelheit zu leben. Sie hat ihren fröhlichen Lampenschirm zurückgewiesen, den mit den puffigen Wolken und dem Regenbogen in der Form eines Heißluftballons, mit kleinen flauschigen Koalabären im Korb. Sie hat sich für ernsthaftes Design entschieden.

Ich versuche ebenfalls, den Rest des Hauses aufzumöbeln. In der Hoffnung, seine Schäbigkeit damit zu verbergen, stopfe ich es mit weiteren Pflanzen voll und kaufe einen marokkanischen Teppich. Treasure kann ihn nicht ausstehen.

»Ääh!« Sie fährt entsetzt zurück. »Da wird mir ja schlecht. Ich kann hier nicht essen.« Sie schnappt sich ihren Teller, eilt zurück in die Küche und läßt mich mit der Seifenoper allein.

Vielleicht hat sie recht. Der Teppich, der im Geschäft bezaubernd subtil gewirkt hatte, sieht hier derb und brutal gelb aus. Überdies hat er an einem Ende einen verdächtig aussehenden schwarzen Fleck. Treasure ruft sofort Grandma an, um zu tratschen.

Einer gemeinsamen Attacke von Grandma und Treasure bin ich nicht gewachsen. Ich bringe den Teppich zurück und tausche ihn gegen einen anderen um. Treasure ist diesem gegenüber nicht abgeneigt, aber entscheidet sich schnell, das Stück zu hassen, als ich versuche, ihn ihr zeitweise für ihr Damenzimmer unterzujubeln.

»Du bist so gemein. Und nur deshalb, weil du unser ganzes Geld zum Fenster rausgeschmissen hast für diesen häßlichen Teppich. Meine Freunde finden ihn abscheulich.«

Meine Freunde mögen ihn. Mrs. Perez mag ihn. Ich weiß nicht mehr, ob ich ihn mag. Ich habe das Vertrauen in die innenarchitektonische Umgestaltung des Wohnzimmers verloren. Die Grünlilien sind unanständig üppig, und Grandmas Gemälde sind teilweise obskur – frühe naive Malerei aus West-London. Wir sind zufällig ein bißchen im Stil der sechziger Jahre. Zum Glück ist es momentan der letzte Schrei: Nur Treasures Zimmer ist eine Oase der Kühle.

Der Untermieter ist für das Streichen verantwortlich. Perfektionist, der er ist, weigert er sich, einfach nur blaue Farbe an die Wand zu klatschen. Alles muß vorweg abgeklebt, verputzt, abgeschmirgelt und von Tapetenresten befreit werden. Rigorose Vorbereitungen beginnen, das Haus befindet sich in einem völligen Durcheinander, und Treasure muß ins Gästezimmer ziehen. Ihr Hab und Gut nimmt sie in Plastiktüten mit.

»Ich fühle mich furchtbar«, sagt sie. »Ich möchte weinen.« Ihr Make-up, ihre Kassetten, die Strobe-Karte und ihre Hausaufgaben – alles ist in einem Berg von Tüten vergraben. Sie hat es aufgegeben zu sortieren und verabscheut das Gästezimmer. Sie bevorzugt mein Zimmer, mit Fernsehen und Stereoanlage in Reichweite. Wie eine Heimatlose bittet sie um Asyl. »Kann ich bitte in deinem Zimmer schlafen? Bitte?«

Sie bekommt eine heiße Schokolade und zieht ein. Ich ziehe ins Gästezimmer. Wie lange soll das so gehen? Ich habe einen

Horror davor, daß der Untermieter, nachdem er Treasures Zimmer in eine Baustelle verwandelt hat, plötzlich für die nächsten sechs Monate mit Arbeit zugekippt wird und sich nicht in der Lage sieht, das Zimmer zu Ende zu streichen. Treasure und ich wären entwurzelt.

Sie liegt in meinem Bett und ruft mich, ihre Stimme klingt dringend. Sie hat in ihrer Zeitschrift ein Sonderangebot entdeckt – ein Kleid mit Nackenträger für den Sommer. Ich empfehle die weiße Version, aber Treasure ist nicht scharf darauf. Sie bevorzugt Schwarz in ihrem blauen Zimmer, um der Depression den Hof zu machen.

In dem verzweifelten Bemühen, einen Funken Farbe in Treasures tödliche Umgebung zu bringen, schlage ich ihr vor, das Mobiliar so zu gestalten, daß es sich abhebt. Lackierte Collagen vielleicht wie der viktorianische Raumteiler von Rosies Mutter.

»Red keinen Blödsinn«, faucht sie. »Laß es.« Ihre Stimme hat einen neuen, säuerlichen Klang bekommen. Sie ist der Welt und meiner naiven kleinen Vorschläge müde. Die blaue Farbe wirkt bereits. Aus der Dose.

Treasure hilft beim Malern

Die Anstreicherei ruiniert Treasures Leben. Ohne ihr Zimmer ist sie verloren, und sie wird jeden Tag mürrischer. Sie durchstreift das Haus auf der Suche nach einer Zuflucht, wo sie vor ihrer unausstehlichen Mutter sicher ist. Nichts ist ihr recht.

»Nimm das Wohnzimmer«, sage ich.

»Dann kommst du rein«, schimpft Treasure, »und willst fernsehen.«

»Will ich nicht.«

»Willst du wohl. Du bist doch schon hier. Hau ab.« Sie ist wütend über meine Anmerkung, daß die Anstreicherei schneller vorankäme, wenn sie sich entschließen könnte, mit anzupacken. In der Zwischenzeit rackert sich der Untermieter da oben ab, weiß vor Erschöpfung und vom Verputzen. Ich bin total am Ende mit dem ganzen Staub und dem Schmutz und der Möbelschieberei und dem Saubermachen. Aber Treasure kann sich irgendwie nicht überwinden, uns zu helfen. Sie scheint sich in einem Zustand der Schwermut zu befinden. Sie liest nur noch ihr Jugendmagazin und liegt neben dem Hund.

»Tu was«, fauche ich. »Räum diese Schubladen auf. Schmeiß den Mist weg.« Mein Mitgefühl für ihr Dilemma schwindet dahin. Ihr Etagenbett liegt in hunderttausend Einzelteilen aufeinandergestapelt und blockiert den Treppenabsatz. »Du kannst diese Sachen runter in den Keller tragen.«

»Du hast mir gerade gesagt, ich soll aufräumen«, kreischt Treasure und wühlt dabei in ihren Schubladen herum. Wild gemacht von meiner Flut von Befehlen, stürmt sie aus dem Gästezimmer und rauft sich die Haare. »Was soll ich nun zuerst tun? Entscheide dich mal.« Irgendwie scheint es in ihrem Kopf angekommen zu sein, daß unser Haus sich nur ihretwegen in einen Affenstall verwandelt hat.

Die Wochen vergehen. Genau wie ich befürchtet habe, halten Arbeit, Romanze und familiäre Verpflichtungen den Untermieter regelmäßig vom Anstreichen fern – unsere Qual verlängert sich. Treasure und ich nähern uns langsam dem Wahnsinn. Selbst die trübe Aussicht, möglicherweise auf Ewigkeiten in dem verhaßten Gästezimmer festzusitzen, bringt Treasure nicht dazu, den Plastiktüten-Everest in Angriff zu nehmen. Ich darf ihr nicht helfen. Sie bewacht ihre Habseligkeiten wie ein Rottweiler und knurrt und bellt wütend los, sobald ich mich nur nähere. Ich wage nicht, das

Zimmer zu betreten. Ich mache weiter mit staubsaugen, fegen und Möbel verrücken.

Vom Untermieter aufgestachelt, will Treasure unbedingt ihr gesamtes Mobiliar erneuern. Glänzende Regale vom Boden bis zur Decke sind ungeachtet der Kosten ein Muß. Der Untermieter saust mit Treasure los, um sie zu kaufen. Er ist schockiert von meinem Geiz und davon überzeugt, daß mir nichts zu teuer wäre, wenn es um das Schlafgemach des Hundes ginge. Der Untermieter und ich zanken uns wie blöd. Wir sind ein Rudel Rottweiler.

Dann plötzlich ist alles fertig. Der Untermieter und ich reden nicht mehr miteinander, aber Treasure erwacht zu neuem Leben. Sie zieht ein und macht sauber, räumt auf, mistet aus, stellt um und pfeift. Sie ist im siebten Himmel. Sie ruft Rosie an und gibt ihr einen begeisterten Lagebericht. Nur eine einzige Sache stört ihr Glück. Das bin ich. Ich darf ihr Zimmer von der Tür aus bewundern, aber nicht hinein.

»Verschwinde«, schnauzt Treasure. »Ich weiß, was ich tue. Laß mich allein. Und sprich nicht mit meinen Freunden. Niemand will mit dir reden, Mama.«

Der Tütenberg ist verschwunden. Irgendwo dazwischen waren meine Ohrringe, meine beste Wimperntusche, mein Nagelknipser und mein Lieblings-T-Shirt, das Treasure sich im Laufe der Zeit erschlichen hat. Jetzt werde ich nie mehr an diese Sachen herankommen. Sie sind versteckt im blauen Zimmer.

Der Hund am Tisch

Treasure hat eine schwere Woche, irgend etwas mit Liebesdramen und der Einrichtung ihres Zimmers. Als besonderes Bonbon erlaube ich kindischerweise, daß der Hund mit am

Tisch sitzen darf und ein Stückchen Apfelkuchen mit Eis bekommt – sein absolutes Lieblingsessen. Wir haben einen großen Gartenstuhl in die Küche geholt, auf den der Hund perfekt paßt.

Treasure zeigt sich von dieser kleinen Abwechslung unserer Tischordnung sehr angetan. Wir finden, daß der Hund es ganz gut macht, dafür daß es das erste Mal ist und ohne Hände. Wir essen unseren Apfelkuchen gemeinsam. Zweifelsohne wird unser Benehmen Stirnrunzeln hervorrufen, besonders meines als Anführer.

»Der Untermieter dreht durch«, sagt Treasure und freut sich diebisch. Unsere mangelhafte Hygiene hinsichtlich des Hundes widert ihn häufig an. Würde er uns alle drei hier am Tisch sitzen sehen, er würde niemals mehr auch nur ein Krümelchen an diesem Platz essen. Ich desinfiziere den Tisch und schrubbe ihn gründlich.

Der Untermieter erscheint am nächsten Morgen ziemlich unleidlich in seinem makellos weißen Frotteemantel.

»In der Küche liegt ein riesiger Haufen Erbrochenes«, sagt er mit schockiertem Gesichtsausdruck. »Ich habe ein Stück Zeitung drübergelegt. War es Ihr Kuchen?« Er grinst höhnisch. Er hat die Gelegenheit ergriffen, mir wegen meiner Kochkünste mal wieder eine reinzuwürgen. Er hat die Wahrheit halb erraten, aber glücklicherweise weiß er nichts von unserem anthropomorphisierenden Abendessen.

In jüngster Zeit hat sich die Sorge des Untermieters um den allgemeinen Hygienestandard in unserem Haus erhöht. Er hat damit begonnen, jedes Nahrungsangebot zurückzuweisen, weil er fürchtet, es könnte mit Hund vergiftet sein. Irgendwie könnte ich ja beim Kochen den Hund berührt haben und danach ein Kochutensil oder die Ingredienzen.

Es gab eine Zeit, wo wir alle glücklich zusammenlebten, aber des Untermieters Angst hat alles zunichte gemacht. Er weist meine köstliche Spinatquiche zurück und läßt sich demonstrativ eine Pizza kommen. Aber wer weiß, was der Pizza-Chef alles gemacht hat? Grandma ist fremden Köchen gegenüber sehr mißtrauisch. Sie hat keinen Beweis dafür, daß sie sich jemals die Hände waschen.

Das Telefon: Teil 3

Seit Wochen nun streite ich mit der britischen Telecom wegen meiner letzten Billionen-Pfund-Telefonrechnung. Sie haben höflich geantwortet und mir schließlich eine spezifizierte, fünfundzwanzig Seiten lange Liste zugeschickt, auf der jedes einzelne Gespräch aus den vergangenen drei Wochen aufgeführt ist. Ich bin zutiefst geschockt. Diese Aufstellung beschuldigt Treasure und mich, in drei Wochen fast fünfhundert Telefonate geführt zu haben. Das wären fünfundzwanzig Gespräche pro Tag. Ob selbst Treasure die Zeit oder genügend Bekannte hätte, daß dies möglich sein könnte?

Ich kann der Liste einfach nicht glauben. Zitternd vor Zorn setze ich mich hin und hake in stundenlanger Popelarbeit die einzelnen Nummern ab. Nach und nach zeichnet sich die Wahrheit ab. Um jede Nummer von Treasures Freunden bildet sich ein Wald von Häkchen, und Rosies Nummer ist der Spitzenreiter unter den Häkchenhaufen. Wie hat Treasure das geschafft? Ausgehende Gespräche sind gesperrt, und ich beobachte sie mit Argusaugen.

Ich studiere meine Daten und komme zu dem Ergebnis, daß Treasure wahrscheinlich Gruppengespräche führt. »Kann ich bitte Rosie anrufen?« fragt sie unheimlich höflich. Hingerissen decodiere ich den Apparat. Sogleich flitzt Treasure an den oberen Apparat, ruft in einem Affenzahn wahrscheinlich ihren halben Bekanntenkreis an und tut so, als hätte sie nur mit Rosie gesprochen. Die hinterlistige Kreatur benutzt das Telefon wie ein Keyboard. Sie drückt die Zahlen nicht mit einem Finger wie ein Amateur, sondern wählt blitzschnell, indem ihre geübten Finger über die Knöpfe tanzen. Auf diese Weise kann sie den nächsten Freund anwählen, ohne daß eine wahrnehmbare Unterbrechung ihrer Konversation entsteht.

Diese Gruppengespräche sind eine gute Masche. Ich kann Treasure dabei nicht in flagranti erwischen, außer ich postiere mich direkt neben sie. Aber das wäre ein Übergriff auf ihre Privatsphäre. Nicht mal das Goldstück kann ich in diesem Maße überwachen.

Ich halte das verräterische Stück Papier hoch. »Schau«, schreie ich und deute auf die Häkchenwälder. »Schau dir das an. Das sind DIE NUMMERN VON DEINEN FREUNDEN.«

»Es tut mir leid«, sagt Treasure. »Ich werd's nie wieder tun.« Für ein paar Sekunden wirkt sie leicht nervös, fast reumütig. Da steht sie, ihre Mutter, die Quelle allen Taschengeldes, und läßt ihrem fürchterlichen, aber gerechten Zorn freien Lauf. Treasure erholt sich rasch. »Was kann ich denn sonst tun?« fragt sie, wohl wissend, daß Angriff die beste Verteidigung ist. »Ich habe doch schon gesagt, daß es mir leid tut.«

»Bezahlen.« Treasure verläßt den Raum wie eine Märtyrerin. Sie hatte gedacht, eine Entschuldigung wäre ausreichend.

Meine Berater sind entsetzt. »Das ist Diebstahl«, sagt Mrs. B. »Sie nimmt von Ihrem Besitz ohne Ihre Erlaubnis.« Mrs. B. hat wahrscheinlich recht. Man kann das so sehen. Der Löwenanteil unserer 200-Pfund-Rechnung geht auf Treasure. Meine Gesprächsblockade hat nicht gewirkt. Ich habe sie nicht rücksichtslos genug angewendet.

Ich starte einen konsequenteren Versuch. Seit Tagen bewache ich grimmig das Telefon. Treasure darf vier ausgehende Gespräche führen. Sie wird der Schrecken aller Nachbarn, weil sie diese verzweifelt anbettelt, ihr Telefon benutzen zu dürfen. Es scheint immer noch gegen ihre Prinzipien zu verstoßen, das Telefonhäuschen um die Ecke zu betreten.

Schon bald wird sie nervös und hektisch. Ohne unbegrenzten Zugang zum Telefon kann sie keine fünf Minuten ruhig im Haus bleiben. Wiederholt saust sie auf ihrem Fahrrad davon, nicht ohne vorher Tom, den Musterknaben, herbeizuzitieren, damit er sie auf ihren wilden Fahrten begleitet. Ich hatte bis jetzt den beruhigenden Effekt des Telefons nicht gekannt. Aber ich sperre es weiter. Um hart bleiben zu können, ziehe ich immer wieder ein paar Seiten jener besagten Liste hervor.

Ich führe neue Regeln ein. Jedes Telefongespräch muß aufgeschrieben werden. Treasure und ich erreichen einen neuen Durchschnitt von sechs bis zehn Gesprächen pro Tag. Aber wie lange werden wir dieses System aufrechterhalten können? In der dritten Woche beginnt es zu bröckeln. Ich erwische Treasure bei einem kleinen Gruppenanruf. Ich erkenne ihn daran, daß die Person, die Treasure anfangs angerufen hat, nicht mit derjenigen identisch ist, von der sie sich verabschiedet. Wir leben in einem Klima der Anspannung und Verdächtigungen.

Und dann bekomme ich einen weiteren Ratschlag. Ich muß Treasures Telefoniererei als Teil ihres sozialen Lebens betrachten. Sie pflegt ihre sozialen Kontakte, ohne sich auf der Straße oder in Clubs herumzutreiben. Ich sollte dankbar sein. Es mag mich zwar eine Stange Geld kosten, aber zumindest ist Treasure sicher zu Hause. Sie pflegt ihre sozialen Kontakte häppchenweise, unter meiner Aufsicht und unterbrochen von Hausaufgaben und Übungen.

Aber Treasure steht mit ihrem Kummer nicht alleine da. Rosie scheint ihren gesellschaftlichen Umgang offensichtlich in derselben Weise zu führen. Sie ruft später am Abend zum dritten Mal an diesem Tag an.

»Kann ich bitte mit Treasure sprechen?«

»Was möchtest du denn jetzt von ihr?«

»Nichts Besonderes«, sagt Rosie verträumt. »Ich habe nur seit einer Stunde nicht mehr mit ihr gesprochen.«

Treasure und der Generationsunterschied

Ich fahre Treasure und Rosie nach Brighton. Ich glaube, daß es für Treasure lustiger ist, wenn sie eine Freundin dabeihat, und sie nicht schmollend um ihre Großeltern und ihre Großtante herumtanzt.

Sie und Rosie wählen für die Fahrt ganz besonders scheußliche Musik aus. Singen können sie die Melodie nicht, weil es nämlich keine gibt, aber sie johlen, schreien und wiederholen auf Teufel komm raus, was aus den Boxen dröhnt. Ich sorge mich um den Hund, daß er taub werden könnte. Seine Ohren hängen direkt neben dem Lautsprecher.

»E's good, E's good, E's good«, rappt Treasure. Diese kleine Phrase läßt die Mädchen wie verrückt lachen. Sie rokken im Wagen und kreischen dabei ständig das komische Wort. Irgendwie entgeht ihnen die erbarmungslose Monotonie der Musik. Sie moduliert nirgends. Selbst einen Akkordwechsel kann ich kaum erkennen.

»Wie nennt man diese Musik?« frage ich zickig.

»Affengeil«, sagt Treasure, »o Mann, du hast ja null Ahnung, Mama.« Sie und Rosie krümmen sich vor Lachen. Ich kann Treasures Vokabular nicht verstehen. »Affengeil« ist ein neues Wort und »ätzend« ebenfalls. Ihre Übersetzungen sind ziemlich entstellt. Das muß der Generationsunterschied sein, und ich dachte, ich hätte ihn modisch vermieden. Ich sehne mich nach Fats Domino.

Ich darf eine Seite der Fats-Kassette hören. Treasure hat sie mir höchstpersönlich zu Weihnachten geschenkt. Ich hatte sie auf meine Liste gesetzt, und nachdem ihre Peer-group meinen Wunsch genehmigt hatte, ist diese Kassette heute anerkannt, so wie die Rolling Stones. Ich darf sie öffentlich hören, solange ich nicht anfange mitzusingen. Treasure scheint nichts dagegen zu haben, daß ihre Mutter ein ältlicher Ex-Rockfan ist, vorausgesetzt, ich benehme mich absolut korrekt und zucke mit keiner Wimper, während ich zuhöre.

Neulich erwischte sie mich und meinen Freund dabei, wie wir uns Pop-Videos aus den sechziger Jahren anschauten. Wir fühlten uns zurückversetzt in unsere Jugendtage und wurden richtig rührselig. Mein Freund, dem Treasures Verhaltenskodex nicht bekannt war, klopfte den Takt mit dem Fuß, summte mit und wackelte herum. Da saßen wir – wie zwei Sechzehnjährige. Treasure lästerte furchtbar am nächsten Tag. »Er ist verrückt«, sagte sie und verdrehte dabei die Augen. »Dein Freund ist verrückt. Was ist mit ihm?«

Glücklicherweise verfügen Grandma und Grandpa über kein passendes Audio-Equipment, sondern haben nur ein primitives Grammophon in der Ecke stehen. Aber Treasure und Rosie verschwinden sowieso in Null Komma nichts zum Pier, nachdem sie ihre gewaltige Bratenportion verschlungen haben. Grandma ist zum Bridge verabredet, und Grandpa, der gerade erst aus dem Krankenhaus entlassen ist, wie der Tod auf Latschen aussieht und immer noch Schluckauf hat, verlangt, zum Wettbüro im Autohaus gefahren zu werden – sein Lebenselexier. Er muß unbedingt jeden Tag dorthin. Er tapst zum Schalter und kommt mit unbeweglicher Miene zurück – die Höhe seines Gewinns ist ein streng gehütetes Geheimnis. Er ist brummig.

»Wenn ich nicht letzte Woche im Krankenhaus gewesen wäre, hätte ich das *ganze* Auto gewonnen«, faucht er. »Sag bloß nichts Grandma davon.« Er japst nach Luft und weist mich zu dem Raum, wo das Auto ausgestellt ist. Er schlurft auf den Verkäufer zu, gelb im Gesicht vor Erschöpfung.

»Ich bin noch nicht tot«, krächzt er, »ich will das Auto immer noch.« Ich fahre Grandpa nach Hause. Er legt sich sofort hin. Ich schnappe mir den Hund und statte Tantchen einen Besuch ab. Sie wartet schon darauf, daß sie das Tier mit gebutterten, in saubere Quadrate geschnittenen Brotscheiben füttern kann. Der Hund ist jetzt Tantchens Ersatzgroßnichte, nachdem Treasure in letzter Zeit etwas mit ihren Besuchen geizt.

Ich kehre zu den Großeltern zurück. Grandpa liegt wie im Koma auf dem Sofa.

»Sie sind wieder da.« Er deutet schwach in Richtung Schlafzimmer.

Treasure und Rosie haben jede einen Rollschuh an und bereiten sich auf den Lauf vor. Es ist Viertel nach fünf, und der Zug geht um sechs, aber sie müssen vorher unbedingt noch Rollschuh laufen. Sie reisen alleine zurück, eine faszinierende Aussicht, gehen ins Strobe und verbringen die Nacht bei Rosie, während ich unten in Hove in der Gesellschaft der älteren Herrschaften bleibe. Wir schauen uns zusammen eine Seifenoper an. Es ist nett und ruhig ohne Treasure, aber ziemlich komisch. Wir wissen nicht, ob wir es gut finden sollen oder nicht.

Ein entsetzlicher Einkauf

Treasure kam schließlich doch noch zu ihrem Wonderbra. Aber ehe sie überhaupt die Gelegenheit hatte, das Superding mehr als ein halbes dutzendmal zu tragen, war es ihr zu klein. So sagt sie. Ich darf nicht gucken. Vielleicht ist er auch nicht mehr »in«. Deshalb ziehen wir heute los, um ein eher zurückhaltendes Modell abzuholen, das wir bereits bestellt haben und das nur noch darauf wartet, mitgenommen zu werden.

Die Dame in dem Geschäft kann das Teil einfach nicht finden. In Treasure und mir erwachen grimmige Gefühle. Voller Enthusiasmus starten wir derartige Expeditionen, aber das Schicksal scheint gegen uns zu sein. Wie dem auch sei, wir beschließen, uns diesmal nicht kleinkriegen zu lassen. Während die Dame ihren Schrank ein zweites Mal leer räumt, flitzen wir derweil rüber in den Top Shop.

Es läuft wie am Schnürchen. Treasure und ich kommen in Stimmung und finden einige schöne Kleider und Bikinis. Wir brauchen sie nur noch anprobieren. Wir treffen auf ein zweites Hindernis. Beide Kabinen sind besetzt. Bis zum Jüngsten Tag. Treasure geht schließlich in eine winzig kleine, aber ich bleibe stehen und warte. Die Zeit vergeht, die Schlange wird lang und länger, die Leute laufen langsam rot an, während die Dame in der großen Kabine seelenruhig weiterfummelt und hin und her überlegt, wie lang ihre neue Hose nun sein soll. Sie geht rein und raus, um ihren Freund immer wieder nach seiner Meinung zu fragen. Schließlich gibt sie die Kabine frei. Unklugerweise kritisiere ich sie in diesem Moment.

»Dem Himmel sei Dank dafür«, sage ich griesgrämig, aber ich habe eine Furie erwischt. Hinter dem dünnen Vorhang höre ich sie draußen wüst herumtoben und schimpfen.

»Diese Kuh«, bellt sie. »Sie macht mich WIRKLICH wütend.« Das Gezetere geht weiter. »Und ihre Tochter probiert Bikinis an. Was wollen die denn? Den ganzen verdammten Laden etwa?«

Treasure taucht zitternd hinter meinem Vorhang auf. Ihre peinliche Mutter hat wieder einmal für Ärger gesorgt, und sie ist in die Sache hineingezogen worden. Sie hat Angst, daß die wildgewordene Frau mit der neuen Hose an der Kasse wartet, um mir eins auf die Nase zu geben. »Sie ist immer noch da«, flüstert Treasure, die hinter dem Vorhang klebt.

Glücklicherweise ist die Luft rein, als wir auftauchen. Wir sind sicher, aber durchgeschüttelt. Und dann erscheint die

Büstenhalterdame mit einem triumphierenden Winken. Sie hat den BH gefunden. Ein erregender Ausflug. Widrigkeiten und ein gemeinsamer Feind lassen Treasure und mich vergessen, uns zu streiten. Gestärkt aus der Gefahr hervorgegangen, der wir in Selby's ausgesetzt gewesen waren, starten wir eine Kauforgie. Diese flüchtige Berührung mit Gewalt scheint mich rücksichtslos gemacht zu haben. Nach dem BH, den Kleidern und Bikinis kaufen wir Haarglitzer, Teppiche, Schuhe und Falafel. Sogar Treasure verschlägt es die Sprache ob meiner Verschwendungssucht.

»Glaubst du nicht, daß es besser ist, wenn wir kein Geld mehr ausgeben?« fragt sie. Manchmal vertauschen wir die Rollen und dann ist es an Treasure, mich zu zügeln.

Treasure, der Schießhund

Meine langjährige Romanze hat sich in Wohlgefallen aufgelöst. Treasure und Rosie finden mich leise heulend am Küchentisch.

»Mach dir nichts draus, Mama«, sagt Treasure. »Er war sowieso zu fett.« Dies ist ein wesentliches Kriterium für Treasure. Sie und Rosie rennen zum Laden an der Ecke und kommen mit einem schönen Blumenstrauß wieder. Treasure ist unheimlich mitfühlend, vielleicht weil mein ehemaliger Freund ihrer Meinung nach einiges zu wünschen übrig ließ. Sie hatten sich gegenseitig nur dumme Sprüche an den Kopf geknallt.

»Hallo, Trottelgesicht«, sagte er.

»Hallo, Blödmann«, erwiderte Treasure. Wer von beiden war vierzehn? Treasure hatte wahrscheinlich recht. Meine Beziehung zu ihm war schwer angeschlagen. Ich hätte es von dem Moment an wissen müssen, als er seine Liebe zu den

Musicals von Andrew Lloyd Webber entdeckte, aber ich machte blind weiter.

Treasure zog schwer gegen meine Verabredungen mit ihm zu Felde. Sie bewertete mein Verhalten als äußerst lasterhaft. »Du bist eine Prostituierte«, donnerte sie. »Du bist die einzige Mutter in der ganzen Schule, die abends so lange wegbleibt. Ich schäme mich. Ich werde mit Miss Harold (Direktorin) über dich sprechen. Verschwinde«, kreischte sie. »Erzähle mir bloß nichts mehr davon. Ich hasse dich. Ich bin um ein Uhr nachts aufgewacht, ich wollte was trinken, und DU WARST NICHT DA. Du kümmerst dich nur um IHN.«

Grandma vertritt die Gegenposition. »Du mußt ausgehen und dich amüsieren«, befiehlt sie, denn sie will unbedingt, daß ich einen Partner finde. Grandma glaubt, daß ein Mann mich vor Mördern, Räubern, Betrügern und dem Armenhaus schützt. Sie ist scharf darauf, daß ich mich mit jemandem zusammentue, ehe sie das Zeitliche segnet. Als Alleinstehende bin ich in vielerlei Hinsicht inkompetent und befinde mich in permanenter Gefahr.

Ich bin Grandmas Baby und Treasures Mami. Ich soll nicht zu Hause bleiben, und ich soll nicht ausgehen. Grandma will unbedingt, daß ich eine dauerhafte Verbindung eingehe, Treasure nicht. Sie liegt ständig auf der Lauer, ob sie irgendwelche Anzeichen für einen Neuen entdecken kann. Sämtliche Telefongespräche und Besucher werden scharf beobachtet.

Treasure kommt in mein Zimmer, als ich gerade mit einem Bekannten telefoniere. Sofort beginnt sie höhnisch zu grinsen. Sie verdächtigt mich einer neuen Liebschaft. Es ist ihre Pflicht, das Übel unverzüglich mit der Wurzel auszumerzen. Prustend setzt sie sich auf das Ende des Betts und wiederholt meine Bemerkungen.

»Robert«, flüstert sie. »Ooooh.« Sie kugelt sich über das Bett. »Wer ist Robert?« Sie ist eine 100-Pfund-Wespe, die sich zu einem gefährlichen Biest entwickelt, wenn sie bekämpft wird. Ich kann sie nicht verjagen – Handgreiflichkeiten wären unweigerlich die Folge, und mein Gespräch, das sowieso schon halb versaut ist, wäre endgültig ruiniert. Ich gebe auf und beende das Telefonat.

»Du wirst ja rot.« Treasure kringelt sich vor Lachen und zeigt mit dem Finger auf mich. Tränen rollen ihr über die Wangen. Irgendwie bekomme ich mein Gesicht nicht in die richtige Form und schaffe es nicht, ihr jene Tracht Prügel zu verpassen, die sie verdient hätte. Ich lache nervös. Treasure ist der Meinung, daß sie mich belustigt hat.

»Du hast einen Freuheund, du hast einen Freuheund«, macht sie in einem giftigen Singsang weiter. Sie ist jetzt ganz die Achtjährige. Ihr durch das Telefongespräch geweckter Verdacht läßt sie weiter bohren.

»Gehst du heute abend aus?« fragt sie. »Bitte geh aus.« Bevor ihre Freunde auftauchen, will sie mich aus dem Weg haben, aber nur unter bestimmten Bedingungen.

»Ja.«

»Wohin gehst du?«

»Mit Alison ins Theater.«

»Ein bißchen Gesellschaftsleben.« Treasure ist nicht beeindruckt. »Wirklich aufregend.« Sie hüpft aus der Küche in der sicheren Gewißheit, daß kein Kerl involviert ist.

Aber sie ist äußerst unzufrieden mit meinem nächsten Ausflug. Mit wem ich gehe, will sie wissen. Ich verrate es ihr.

»Du gehst nicht mit ihm aus.« Treasure stampft brüllend durch die Küche. »Wie kannst du es wagen? Du darfst das nicht tun. Er ist ein Freund von der Freundin von Rosies Mutter. Wie peinlich. Du wirst NICHT AUSGEHEN.«

Ich versichere Treasure, daß es sich um ein reines Geschäftsessen handelt. Sie ist ein bißchen besänftigt. »Wann kommst du nach Hause?« Mißtrauisch starrt sie mich an.

»Zwölf Uhr.«

»Ach ja?« höhnt sie. »Darauf möchte ich wetten.« Scheußliche Erinnerungen an IHN kommen ihr in den Sinn. Sie fürchtet vielleicht, daß ein anderer dummer und provozierender Besucher auftaucht, ich abendelang wegbleibe und das Telefon mit meinem Gezwitschere belege. Treasure will die Dinge sabotieren, bevor sie dieses unerträgliche Stadium erreichen.

Es ist für mich schwer, unter diesen Bedingungen eine Beziehung aufzubauen. Ich merke, daß ich plötzlich von dem Gedanken fasziniert bin, *Peter Rabbit* in Latein zu lesen. Tote Sprachen sind vielleicht angenehmer als lebende Beziehungen.

Ein beinahe angenehmer Morgen

Treasure ist morgens schwer aus dem Bett zu kriegen.

»Aufstehen.« Ich gebe mir alle Mühe, meine Stimme angenehm klingen zu lassen.

»Laß mich in Ruhe«, grummelt Treasure. Ich bin eine Gefängniswärterin, die eine kalte Dusche und einen Blechnapf mit Haferbrei anbietet und nicht ihre Mami mit einem Glas Orangensaft.

»Nur noch zehn Minuten«, bettelt Treasure. »Laß mich in Ruhe.« Hier beginnt gewöhnlich unser erster Streit des Tages. Aber heute ist es anders. Treasure wacht von alleine auf. Sie kommt in mein Schlafzimmer und spricht wie ein zivilisierter Mensch. Sie wird sich unverzüglich anziehen, bittet höflich um Frühstück und ißt alles auf.

Draußen leuchten die Mandelblüten in der Sonne. »Ich liebe den Sommer«, sagt Treasure. Unser Morgen ist himmlisch. Ich bin ganz hingerissen und biete Treasure an, sie zur Schule zu fahren. Sie liegt auf dem Weg zum Park, wo ich den Hund ausführen will. Wir sind von der Zeit her gut dran, doch irgendwie hat der Hund keine Lust, ins Auto zu steigen. Im Schneckentempo kriecht er hinein und wirkt ganz elend.

»Hol den Hund raus«, kreischt Treasure. »Er muß brechen.«

Ich lasse den Hund raus. Er taumelt den Bürgersteig rauf und runter und würgt sich dabei einen ab. Er ruiniert uns den Morgen. Treasure ist glücklicherweise immer noch guter Laune und amüsiert sich über den komischen Gang des Tieres. Ich jage den Hund zurück ins Haus. Auf dem Teppich im Flur übergibt er sich. Ich eile zurück zum Auto. Wir sind immer noch rechtzeitig dran. Los geht's.

Wir entscheiden uns für die gleiche Musik, und plaudernd fahren wir dahin. Solch eine Harmonie kann nicht von Dauer sein. Sie ist es auch nicht. Auf halbem Weg die Camden Road hinunter schalte ich in einen anderen Gang und bleibe dabei versehentlich mit meinem Ring an Treasures schwarzer Strumpfhose hängen. Ein Loch ist das Ergebnis, und eine fette Laufmasche flitzt bis zu den Zehen.

»Warum hast du das getan«, schreit Treasure. »Du hast mir den ganzen Tag versaut. Alle werden mich verarschen.« Mit einer wüsten Geste drückt sie den Eject-Knopf und läßt meine Kassette herausspringen. Fetzen vom Klassiksender ertönen und machen Treasure noch wütender.

»Du kannst die Strumpfhose drehen.« Ich versuche, ruhig zu bleiben.

»Sei doch nicht so dumm. Ich hasse dich. Das ist meine absolut beste Strumpfhose.«

»Wer hat sie bezahlt?« frage ich scharf. Ich habe das Gefühl, daß eine übelwollende Gottheit es vielleicht auf uns abgesehen haben könnte.

»Würdest du mir Geld geben.« Treasure äußert einen Befehl und keine höfliche Bitte. Wir gehen keifend aufeinander los.

»Versuch doch mal, bitte zu sagen.«

»Du sagst niemals Entschuldigung.«

Kurze Ausbrüche von Glückseligkeit wie an diesem Morgen, die dann jäh in einer Tragödie enden, sind für Treasure und mich nichts Neues. Treasure scheint es schwer damit zu haben, längere Zeit nett zu sein, wenn das Schreckgespenst von Mutter in nächster Nähe lauert. In meiner Gegenwart ist sie den kleinsten Mißgeschicken gegenüber äußerst empfindlich. Sie regen sie zutiefst auf – eine Strumpfhose mit Laufmasche, ein alter Keks, Regen, eine kaputte Fernbedienung, ein blaues Knie –, und immer bin ich schuld. In Gegenwart ihrer Peers hingegen ist Treasure weitaus robuster.

Ich fahre nach Hause zurück und mache die Kotze weg. Dabei fällt mir auf, daß das Mandelbäumchen in Wirklichkeit fast schon verblüht ist.

Treasures Ansprüche

Das schicke neue Interieur ihres Zimmers scheint Treasure zu Kopfe gestiegen zu sein. Sie verlangt jetzt ein beständig hohes Maß an Hygiene, Großzügigkeit, Etikette und Anstand. Ich muß permanent auf der Hut sein, besonders wenn Treasures Freunde zu Besuch kommen.

Während das Wasser aus der Wanne abläuft, eile ich in mein Zimmer, wo das Telefon gerade klingelt, und sammle meine Kleider ein. Meines Wissens schlafen Treasure und Rosie noch. Wenige Augenblicke später ruft Treasure panisch mit heiserer Stimme: »Schnell, schnell, komm her. Das Bad. Mach das Bad sauber.«

Sie hat mächtig Bammel. Rosie ist aufgewacht und wird bald das Badezimmer betreten, wo sie jene Unordnung und jenen Schmutz entdecken wird, den ich schlampigerweise hinterlassen habe.

Ich flitze nach unten Richtung Badezimmer, um die Säuberungsaktion durchzuführen. Ich trage meine neue Unterwäsche von Fenwicks. Treasure ist entsetzt.

»NEIN. Stop. Geh zurück. So kannst du nicht runterkommen.« Hinter ihr taucht Rosie gerade aus dem Schlafzimmer auf. »Mutter. Bitte.« Treasure hält ihre Freundin von dem anstößigen Anblick fern.

»Aber du wolltest doch, daß ich das Badezimmer saubermache«, sage ich und verstecke mich geziert auf dem Treppenabsatz. »Ich bin sicher, daß Rosie ihre Mutter schon mal so gesehen hat.«

»Rosies Mutter sieht aber nicht aus wie eine verdammte Porno-Queen«, brüllt Treasure und bricht damit ihren Gute-Manieren-Versuch ab.

»Schau einfach weg, Rosie«, versuche ich die Sache runterzuspielen. Treasures Beschreibung ist schließlich höchst unzutreffend. Ich husche ins Bad und mache es penibel sauber. Ich stoße einen Warnschrei aus, bevor ich anständig in Handtücher gewickelt den Raum wieder verlasse.

Ich kann einfach nichts richtig machen. Selbst bei der kleinsten Bewegung bekommt Treasure einen Anfall. Treasure kontrolliert mein Benehmen ununterbrochen. Besonders streng verhält sie sich im Auto. Ich klopfe mit den Fingern aufs Lenkrad. »Laß das«, kreischt sie. »Würdest du das einfach lassen.«

Ich versuche sie abzulenken. »Mrs. Perez' berühmter Verwandter wohnt hier irgendwo«, sage ich und werfe ein Auge auf die Häuser.

»Würdest du bitte auf die Straße gucken«, brüllt Treasure. »Du machst mir angst.« Gehorsam starre ich geradeaus. Ich entdecke das Haus.

»Da ist es. Das grüne.«

Treasure kreischt entsetzt auf. »Laß das. Laß das. Du hast mich erschreckt. Hör auf zu schreien. Fahr doch anständig.«

Beim Anblick von Großelterns neuer Polstergarnitur erreicht ihre Stimmung den Tiefpunkt. Sie ist nämlich besser als unsere. »Warum hast du so was nicht gekauft«, faucht sie bokkig. »Unsere ist entsetzlich.« Stundenlang liegt sie mit verdrießlichem Gesicht auf dem Sofa. Grandma ist begeistert. Sie hat den ganzen Kram für hundert Pfund von ihrer Freundin gekauft, die wiederum die Garnitur bei Harrods gekauft hat.

Die Liste meiner Mängel wird immer länger. Ich bin gewöhnlich, lästig, geschmacklos, und, was am schlimmsten ist, ich bin geizig. Diesen letzten Charakterfehler deckt Treasure im Süßigkeitsladen in Hove auf, als wir für die Großtante ein Osterei kaufen. Ich bekomme einen Penny Wechselgeld. Gedankenlos nehme ich ihn. Als ich mich umdrehe, sehe ich Treasure wie versteinert in der Tür stehen. Sie starrt mich an, als wäre ich ein Grabplünderer. Was kann sie nur so entsetzt haben?

»Wie kannst du nur so geschmacklos sein?« Haßerfüllt spuckt Treasure jede einzelne Silbe aus. »Wie konntest du das tun? Geh und gib ihn zurück.«

»Gib was zurück?«

»Das weißt du ganz genau«, zischt Treasure verächtlich. Als wir wieder auf der Straße sind, kann sie endlich loslegen. »Einen Penny. Wie konntest du EINEN EINZIGEN PENNY nehmen? Wirst du dich JEMALS am Riemen reißen?« Sie stampft davon zu Großtantes Wohnung. Nur noch ein Nachmittag am Meer, bis wir wieder nach Hause fahren. Dann kann Treasure sich in die himmlische Unberührtheit ihres neuen Zimmers zurückziehen. Ohne ihre Mutter.

Treasures Fahrrad

Treasure will unbedingt ein Fahrrad. Das, was sie als nächstes will, muß immer unbedingt sein. Ohne es kann sie sich eine erträgliche Zukunft nicht mehr vorstellen.

Ich bin nicht scharf darauf, daß sie ein Fahrrad bekommt. Wenn sie damit durch die Innenstadt fegt, dürfte sie bald überhaupt keine Zukunft mehr haben. Ich stelle mir vor, wie sie schwer verletzt auf der Holloway Road unter einem Lastwagen liegt. Aber ich habe ihr vor Monaten voreilig ein Fahrrad versprochen. Weil ich zu schwach bin, um nein zu sagen, griff ich zu Verzögerungstaktiken. An Geburtstag und Weihnachten sei es zu kalt, sagte ich, warte bis zum Frühjahr. Jetzt kann ich keine weiteren Ausflüchte mehr erfinden. Und warum soll sie plötzlich kein Fahrrad mehr haben? Sie hat immer ein Fahrrad gehabt – ein kleineres natürlich. Aber bei diesem jetzt geht's um ein Mountainbike, und das ist zu groß, um damit auf dem Bürgersteig zu fahren. Und ihr Freund Darren hat ihr einen tollen Sturzhelm geliehen. Im Geiste rast Treasure bereits über die sonnigen Hügel von Hamstead Heath.

»Du darfst im Heath nicht Fahrrad fahren«, sage ich eingeschnappt. Der Hund ist von kometenhaft auftauchenden illegalen Radfahrern beinahe über den Haufen gefahren worden.

Treasure ist von meinem Verrat entsetzt. »Du hast es versprochen«, wimmert sie. »Du kannst nicht plötzlich deine Meinung ändern.« Sie ist vor Schreck ganz bleich geworden. Die Billionen-Pfund-Telefonrechnung kommt mir wieder in den Sinn und ich sage, ich kann's mir nicht leisten. Ich spiele meine letzte Karte aus.

»Du mußt es selbst bezahlen.«

»Wieviel?«

»Die Hälfte.«

Treasure muß sich setzen. Sie hat nicht geahnt, daß ihre

Mutter so gefühllos ist. Aber es ist die pure Feigheit, die mich treibt. Meinen Beratern habe ich die Ohren vollgelabert, daß ich nicht möchte, daß Treasure ein Fahrrad bekommt. Jetzt traue ich mich nicht, ihnen einzugestehen, daß ich schwach geworden bin. Sie hatten kein Problem gesehen. »Sag ihr einfach, sie kann keins bekommen«, sagten sie streng. »Es ist deine Entscheidung. Darüber gibt's keine Diskussion.«

Darüber gab es sehr wohl Diskussionen. Stundenlanges herzzerreißendes Bitten und Betteln, Argumentieren, Schreien und Weinen. Ich gab nach. Mrs. Perez ist von meiner Kapitulation entsetzt.

»Ich möchte darüber kein Wort mehr verlieren«, sagt sie verärgert. »Sprechen Sie nicht mehr mit mir darüber. Sie sind ein hoffnungsloser Fall.« Sie ist in Rage und verläßt das Haus, ohne ihren Zitronentee auszutrinken.

Treasure und ich gehen zum Fahrradladen. Dort gibt es ein Rad, wie man es nur einmal im Leben bekommt. Es muß SOFORT gekauft werden. Das Angebot kommt Treasures Schwäche für sofortige Befriedigung absolut entgegen. Sie will nicht wahrhaben, daß der Kauf von heute eine Entscheidung für die Ewigkeit ist.

Wir kaufen es. Treasure kann dem Mann mit seinen Instruktionen, wie das Vorhängeschloß funktioniert, kaum zuhören. Sie langweilt sich zu Tode. Wenn sie eines nicht ausstehen kann, dann sind es ruhige und geduldige Erklärungen. Alles muß spannend sein und sofort verständlich. Als der Mann sich über das Fahrrad beugt und dabei in seinen Erklärungen fortfährt, blickt Treasure verträumt durch den Laden. Sie wünscht sich, mit dem Fahrrad noch in dieser Sekunde draußen zu sein und durch die Straßen zu flitzen.

Wir entkommen. Treasure rauscht mit ihrem Fahrrad davon. Ich fahre mit dem Auto nach Hause. Eine dreiviertel Stunde nach mir taucht sie auf, mit quietschenden Bremsen und einer Saulaune. Sie hatte zum Laden zurückfahren, die Bremsen überprüfen und eine weitere Erklärung über sich ergehen lassen müssen.

»Ich mußte dreimal zurück«, schnattert sie irrsinnig genervt. »Sie funktionieren immer noch nicht. Hör mal.« Sie fegt über die Straße, die Bremsen quietschen. »Siehst du.« Vielleicht hat ihr der Fahrradmann erklärt, daß neue Bremsen häufig quietschen, aber sie dürfte diese Information nicht an ihr ignorantes Ohr rangelassen haben.

»Du wirst es noch mal zurückbringen müssen.«

»Nein.« Treasure beißt die Zähne zusammen. Sie wirkt resigniert. Das Schicksal hat sie zu derjenigen erkoren, die leiden muß.

Das Fahrrad steht jetzt im Flur, die Leute stolpern darüber und es verkratzt die Wand. Treasure hat es in den letzten vierzehn Tagen wenig benutzt. Vielleicht, weil das Wetter unfreundlich war. Und sie weiß nicht, wie das Vorhängeschloß funktioniert.

Der Hundetest

Der Hund hat eine weiche, knautschige, schwarze Schnauze. Treasure und ich müssen sie dauernd drücken. Er hat so eine besondere Art, den Kopf hängen zu lassen, daß wir gar nicht anders können. Wir machen alle krank damit. Grandma ist äußerst ungehalten von unserem Hundemauldrücken. Sie hat Angst vor Viren und Bakterien. Wir bemühen uns, diese Form von Liebkosungen in ihrer Gegenwart zu unterlassen. Die Anziehungskraft jedoch, die von diesem Tier ausgeht, kann sie durchaus erkennen.

Der Untermieter kann es nicht. Seine Abscheu ist unüberwindlich und droht unsere häusliche Harmonie zu zerstören. Er verweigert inzwischen jede Berührung mit unseren Geschirrtüchern, weil er befürchtet, daß wir unsere mit Hund vergifteten Hände daran abgetrocknet haben oder der Hund mit seiner Schnauze vielleicht darin herumgeschnüffelt hat. Er ist dazu übergegangen, Küchenpapier zum Abwischen zu nehmen – eine reichlich extravagante Alternative. Der Untermieter muß richtig verzweifelt sein. Doch ich habe den Eindruck, daß seine Abneigung oder die irgendeines anderen Menschen meinen Wunsch, den Hund zu tätscheln, nur verstärkt. Und er ist ein heiliges Tier. Selbst Mrs. Perez hat nach und nach ihre Liebe zu ihm entdeckt, trotz seiner bösen Kämpfe mit ihrer Katze, die leider jetzt dahingegangen ist.

Vielleicht ist der Untermieter gestreßt. Er hat angekündigt, daß er ausziehen und sich mit seiner Geliebten zusammentun will. Der Erwerb einer neuen großen Hypothek ist nicht gerade dazu angetan, die Stimmung zu heben. Und ich muß zugeben, daß die Manieren des Hundes manchmal ganz schön grauenvoll sind. Erst neulich, als ich vor dem Videogerät kniete, sprang mir das Tier in Gegenwart eines Besuchers in reichlich unanständiger Weise auf den Rücken. Ich schüttelte es ab, so schnell ich nur konnte, aber im Grunde war der Abend, an dem ich mich von meiner kultivierten Seite zeigen wollte, im Eimer. Ob ich den Besucher jemals wiedersehe?

Gäste müssen ziemlich robust sein, daß sie ihre Besuche angesichts der unverhohlenen Zuneigungsbekundungen des Hundes, der offenen Feindschaftsbeteuerungen Treasures und lauter Hintergrundgeräusche durchstehen müssen. Viele sind auf der Strecke geblieben. Vielleicht verstehen sie es als eine Art Abhärtungstest, zur Stärkung des Charakters.

Glücklicherweise mochte Treasure den Besucher, der Zeuge des anstößigen Hundebenehmens geworden war. »Ich mag X«, sagte sie. »Ich habe nichts dagegen, wenn er kommt. Du kannst ihn heiraten, wenn du willst.«

Treasure hatte X zum ersten Mal gesehen. Es ist vielleicht besser, wenn er von ihren Plänen bezüglich seiner Zukunft nichts erfährt. Er könnte sie für reichlich überstürzt halten.

Das Verhalten von Jungen

Meine Freundin Mrs. H. erzählt mir, daß ihr Sohn, der bis vor kurzem noch ein vollkommen untadeliger Junge gewesen war, plötzlich anfängt, Ärger zu machen. Er klebt nicht am Telefon oder kreischt herum, sondern gibt sich als grüblerische und kritische Erscheinung. Er hat sich jüngst ein bißchen mit seinem Vater verbündet, und meine Freundin ist natürlich ausgeschlossen. Dadurch fühlt sie sich noch mehr wie eine Fremde im eigenen Haus.

Auf einer Nachbarschaftsparty hatte sie ein wenig getrunken und stolperte leicht, als sie die Küche betrat. Lachend richtete sie sich wieder auf. Aber da stand ihr Junge mit finsterem Blick.

»Du bist betrunken«, fauchte er. »Wie abscheulich. Geh sofort nach Hause.«

Sie war überhaupt nicht betrunken. Je freundlicher sie lächelte, um ihn zu beruhigen, um so zurückweisender wurde er. Wütend schritt er von dannen. Zu Hause weigerte er sich, seine Schuluniform auszuziehen. Er sitzt eingemummt in einem sehr dicken schwarzen Blazer, schwitzt vor sich hin und fuchtelt bei Tisch mit seinen dreckigen Fingernägeln herum. Mädchen rufen inzwischen an, und verdächtige Flecken sind aufgetaucht. Vielleicht ist das der Grund, warum er nicht ausgeht.

Er ist der dritte Junge, von dem ich weiß, daß er nicht ausgeht. Sie bleiben zu Hause, lesen Bücher und verplempern ihre Zeit mit Computern. Einer spielt Schach.

Mrs. H. brachte den Jungen und seine Schwester zu einem

Abendessen mit einigen Erwachsenen mit. Ich ging zu diesem Essen alleine. Ich hatte das Goldstück eingeladen, aber sie fand das Angebot erbärmlich. Sie blieb lieber zu Hause und spielte mit dem Telefon. Ich saß den Kindern von Mrs. H. gegenüber, und ich konnte sie förmlich spüren, die kritische Erscheinung. Beide Kinder trugen Schwarz und blieben fast völlig stumm. Der Junge saß verkrampft und bleich vor Abscheu da. Wir quatschten alle durcheinander. Einige Erwachsene machten den ziemlich blöden Fehler, sich mit dem Jungen und seiner Schwester anfreunden zu wollen.

Er sprach grausam über diese Dummköpfe, als Mrs. H. ihn im Auto nach Hause fuhr.

»Wie armselig«, sagte er in einem erschreckend erwachsenen Ton. »Man konnte doch sehen, daß sich alle diese Leute untereinander hassen. Du hast niemandem auch nur den geringsten Gefallen damit getan, sie zusammenzubringen.« Mrs. H. fühlte sich vernichtet. »Und die schlimmste war diese Helen«, fuhr er schonungslos fort. »Das tragische an der Sache ist, daß sie glaubt, jeder würde sie mögen, und in Wirklichkeit mag sie kein Mensch. Das war ziemlich offensichtlich.«

Diese überhebliche Behandlung muß Mrs. H. oft über sich ergehen lassen. Im Vergleich dazu ist Treasures Kritik fast liebevoll. Ich erwähnte gegenüber Treasure den Fall dieses Jungen. Er ist ein Bekannter von ihr.

»So?« sagt sie.

»Aber er zieht seine Schuluniform nicht aus.«

»Warum sollte er?« Treasure schaut verwirrt. Ich zähle die anderen Klagen auf.

»Aber er ist vierzehn«, erklärt Treasure. »Was willst du denn?« Sie wirft mir einen halb amüsierten, halb vernichtenden Blick zu. Meine Freundin und ich sind jämmerliche Kreaturen.

Ein paar Tage später ruft Mrs. H. wieder an. Glücklicherweise ist ein Retter aufgetaucht – der Hamster von nebenan. Die Besitzer des Hamsters von nebenan sind nämlich in Urlaub. »Das Tier hat seine zarte Seite geweckt«, sagt sie rührselig. Sie hat sogar gehört, wie er »Kuddikuddikuddi« und so was gesagt hat. Der Hamster liebt den Blazer. Er flitzt hinein in die Ärmel, kämpft sich tapfer bis zur Armbeuge vor und tritt von dort gezwungenermaßen den Rückzug an. Mrs. H. hat auch einen Teich voller Molche, die ihr Mann nur zu gerne anstarrt. Er tut nichts anderes mehr. Tiere scheinen eine tiefe Anziehungskraft auf ihre Männer auszuüben.

Eine andere Freundin ruft an, um mir Neuigkeiten von ihrem Sohn zu erzählen. Er ist so weit davon entfernt, perfekt zu sein, daß sie ihn in ihrer Verzweiflung zu einem Therapeuten geschleppt hat. Der Junge sprach endlos von den Problemen des Erwachsenwerdens. Meine Freundin, die sich seit Jahren mit diesem Thema herumschlägt und sich langweilt, begann seine Lieblingsworte zu zählen, um sich wach zu halten. Sie kam auf zweiundzwanzigmal »Eier« in zehn Minuten. Sie hatte das Gefühl, es könnte mich interessieren. Das tut es in der Tat. Es stellt Treasures schlechte Sprache gewaltig in den Schatten. Im Vergleich dazu ist sie nur die streitsüchtige Fee Tinker Bell aus Peter Pan.

Handel oder Erpressung

Treasure hat eine Einladung zur Party ihres Lebens – schwarze Krawatte, Ende um Mitternacht, jede Menge Popstars, Glitter, Glanz und Glamour. Lizzies Daddy, ein Medien-Mann, hat die Gang eingeladen. Ich kann ihr diese Bitte nicht abschlagen, selbst wenn am nächsten Tag Schule ist. Ich finde aber, daß ich auf ein paar mickrigen Bedingungen bestehen kann: daß sie bis zur Party jeden Abend zeitig ins

Bett geht und sich anständig benimmt. Keine Schreierei, Wutanfälle, beleidigenden Worte oder ausuferndes Telefonieren. Das sollte sie schaffen. Es sind sowieso nur noch zwei Abende bis zum Fest. Ich verlange nichts Unmögliches von ihr.

Treasure hält eine Stunde durch. Die Zeit verfliegt, und sie macht noch immer keine Hausaufgaben. »Ich mache sie, wann ich will«, schnauzt sie. »Ich versuche mich zu ENTSPANNEN.«

Dies könnte im Handumdrehen im Partyverbot enden. Ich bleibe ruhig. »Paß bloß auf«, sage ich frostig, »wenn du auf dieses Fest willst.«

Treasure reißt sich zusammen. Gerade noch. Zu spät realisiere ich, daß meine Bedingungen offensichtlich eine wüste Spekulation waren. Der Abend nimmt seinen Lauf. Mannigfach kommen Telefongespräche rein und gehen raus. Ich verbiete sie, bis die Hausaufgaben gemacht sind. Die Zubettgehzeit rückt näher und näher. Treasure ist immer noch mit Entspannen beschäftigt. Sie probiert ihr Party-Outfit an und all meinen Schmuck. Sie wählt das beste Halsband und die besten Ohrringe aus. Sie passen perfekt zu dem schwarzen Schlauchkleid. Aber die Zeit ist ihr auf den Fersen.

Brring, brring – das verderbliche Telefon klingelt wieder. Eine Freundin von Treasure. Sie streiten sich entsetzlich. Durch die Wand hindurch höre ich wildes Gezanke. Treasure kommt in Fahrt, erregt sich, steckt immer noch in Schlauchkleid und Stöckelschuhen, und das alles zehn Minuten, bevor sie ins Bett soll. Wird sie es schaffen? Muß ich die Party verbieten?

»Hör auf zu telefonieren«, sage ich. »Du hast nur noch zehn Minuten. Streite morgen weiter.« Ich bitte sie noch einige weitere Male. Der Countdown läuft. Gerade noch rechtzeitig läßt sie vom Telefon ab, aber sie führt sich auf wie eine Wahnsinnige. Ich bin grausamerweise mitten in einer traumatischen Diskussion dazwischengegangen. Sie platzt in mein Zimmer.

»Das ist Erpressung«, schreit sie, violett vor Zorn. »Du bist entsetzlich, du willst mich aufregen, damit ich nicht gehen kann. Du machst das absichtlich, weil du eifersüchtig bist.« Peng! Treasure wirft sich laut und bitterlich weinend auf die Minute genau auf ihr Bett. Das ist eigentlich nicht ganz das, was ich mir von einer vorgezogenen Schlafenszeit erhofft hatte.

Ich sitze in der Klemme. Einerseits kann ich es nicht ertragen, Treasure auf diese Party gehen zu lassen, andererseits kann ich es mir nicht leisten, inkonsequent zu sein. Inkonsequenz, so meine Berater streng, ist mein größter Fehler. Ich darf niemals eine Drohung ausstoßen, die ich im Ernstfall nicht auch wahr machen kann.

Aber diese eine kann ich unmöglich wahr machen. Es würde Treasure das Herz brechen. Und eine verbale Warnung kommt nicht in Frage. Jede zufällige Bemerkung meinerseits könnte zum Knall führen. Ich versuche es mit einer neuen Strategie. Ich schreibe einen Warnbrief. Sollte sich irgendein Anlaß zum Schreien ergeben, möge Treasure bitte in ihrem Zimmer bleiben und ihre Mutter meiden.

Am nächsten Morgen wecke ich Treasure mit einem Glas Orangensaft und dem Brief. Er ist ein voller Erfolg. Aber Treasure kann unmöglich darauf verzichten, das letzte Wort zu haben. Wenn es irgend etwas gibt, das sie unbedingt haben muß, dann das letzte Wort. Selbst wenn ich mit einer bluttriefenden Axt über ihr stünde, sie würde den Mund nicht halten. Nichts auf der Welt hält sie davon ab, ihren Kommentar loszuwerden. Selbst jetzt.

»Ich möchte dir nur noch EINES sagen«, sagt sie mit weißem Gesicht und geballter Faust. »Würdest du mich nur EINES noch sagen lassen?«

»Sag es.«

»Es war sehr gemein von dir, gestern abend mein Telefongespräch zu unterbrechen.«

»Tut mir wahnsinnig leid«, sage ich und flüchte blitzschnell aus dem Zimmer, um mir einen Gegenkommentar zu verkneifen. Ich bin nämlich selbst ziemlich scharf auf das letzte Wort. Wir kämpfen ununterbrochen darum. Diesmal soll Treasure es haben, und zwar kampflos. Ich gebe ein glänzendes Beispiel von Selbstbeherrschung. Und Treasure geht auf die Party.

Treasure geht auf die Party

Am Abend der Party zeigt plötzlich ein Hindernis seine Fratze. Treasure hat ihre Einladungskarte nicht. Als gnadenreicher Engel werfe ich mich ins Auto und rase zu Lizzies Mutter, um sie zu holen. Meine Selbstlosigkeit wird belohnt. Ich bekomme auch eine Einladung. Aber kann ich sie überhaupt annehmen? Mir ist, als ob ich mit meiner Gegenwart Treasure das strahlende Ereignis verdunkle. Lizzies Mutter ist sehr ermutigend. Es kommen fünfhundert Leute, sagt sie. Treasure wird mich nicht mal sehen.

Ich beschließe, gegen Ende der Party für ein oder zwei Stunden hinzugehen, ehe ich Treasure nach Hause fahre. Irgendwie finde ich, es könnte ganz amüsant sein. Schonend bringe ich Treasure die Neuigkeit bei.

»Ich habe auch eine Einladung bekommen«, erzähle ich ihr, »aber keine Sorge, ich komme erst kurz vor Schluß.«

»Stört mich nicht«, sagte Treasure freundlich. Das Mädchen steckt voller Überraschungen. Aber alle ihre Kumpels sind da, und es ist Party-Zeit. Die Luft ist erfüllt von Gequietsche und Parfüm. Große Mädchen belegen Bad, Zimmer und Treppe. Sie sind alle in Bewegung, vom Spiegel zum Kleiderschrank, vom Kleiderschrank zum Spiegel. Zwischen Duschen und Kreischen und Kleideranprobe und Make-up brauchen sie ein Sandwich. Ich bin gefragt. Treasure hat schon wieder meinen Eyeliner geklaut.

Alle sind ungeheuer glamourös. Robert kommt mit einer schicken Fliege an. Treasures Schlauchkleid ist beängstigend enganliegend, aber wenigstens ist es lang. Rosies ist sehr kurz, und Chloes ist noch kürzer. »Wenn ich mich nach vorne beuge, kann man meinen Po sehen.« Sie hat recht. Die geringste Schräglage stellt ihren Po zur Schau. Glücklicherweise sind an ihrem Kleid ein paar zusätzliche Fransen, die ihn partiell bedecken.

Plötzlich entscheidet Treasure, daß es Zeit ist, aufzubrechen. Sofort. Eine parfümierte schnatternde Menge füllt den Flur. Treasure hat jetzt meinen Regenmantel an. Er hängt ihr merkwürdig von den Schultern. »Robert sagt, in diesem Mantel sehe ich aus wie eine Nutte«, sagt sie.

»Wenn du dir wie eine Nutte vorkommst, kann ich ja vielleicht meinen Mantel wiederhaben.«

»Nein, kannst du nicht.« Robert hat sich Treasures Blazer geliehen. Sein eigener ist ihm zu klein. Ob wir ihren jemals wiedersehen? Auf geht's. Alle schwanken zum Auto. Während der Fahrt läuft die obligatorische Popmusik, und ein Gespräch ist ziemlich gewagt.

»Ich werde mir einen Politiker an Land ziehen«, sagt Chloe. Gekreische.

»Und ich einen alten Knacker, den ich ausnehmen kann«, sagt Rosie. Mehr Gekreische.

»Und ich XX«, sagt Treasure und schnappt sich einen Popstar.

Ich lasse den Haufen schamloser Kreaturen am Party-Ort raus, wage es aber nicht, sie in dieser Verfassung in diesem Viertel alleine auf der Straße zu lassen. Ich will mich im Auto auf die Lauer legen, bis sie sicher im Gebäude sind. Treasure entdeckt mich.

»Geh schon, Mama. Würdest du einfach WEGGEHEN.« Als ich außer Sicht bin, fahre ich wie ein Freier, der sich das Objekt seiner Begierde ausguckt, mit Schrittgeschwindigkeit weiter, bis alle drinnen verschwunden sind. Dann fahre ich zurück in mein wunderbar ruhiges Haus.

Als ich später wieder zur Party fahre, bemerke ich, daß das Fest, wenngleich eine Veranstaltung für Erwachsene, mehr der Jugend entspricht. Treasure tanzt neben der Bühne mit ihren Freundinnen. Abgesehen von den Mädchen ist die Tanzfläche nahezu verlassen. Eine Traube von heliumgefüllten Ballons treibt in der Saalmitte, und zwei merkwürdig gekleidete erwachsene Aufschneider tanzen alleine.

Ich entdecke Rosies Mutter. Ich schreie hallo über die tausend Dezibel hinweg. Wir unterhalten uns einen Moment lang lippenlesend. Treasure springt herbei. Das ist ihre Welt. Sie hat Stars getroffen und Discjockeys, sie hat Wein getrunken und es geschafft, umsonst zu essen. Sie braucht nur noch mehr Unterhaltung. »Bitte, kann ich heute nacht bei Rosie schlafen? Bitte, bitte?«

»Nein.« Sie eilt zum nächsten Tanz nahe der Bühne zurück. Die meisten Gäste unterhalten sich in Zeichensprache: am Rande der Tanzfläche, draußen in der Bar oder in der Eingangshalle. Wahrscheinlich sind nur die Hartgesottenen übriggeblieben. Die Schwachen sind schon vor Stunden taub nach Hause gegangen. Ich schreie ein paar Leuten zu, die ich wiedererkenne. Treasure fegt herum, hin und her, hier eine Umarmung und ein Schrei, da ein Tanz. Ich fühle mich ziemlich ältlich. Ich will wieder nach Hause. Unbedingt. Es gibt nichts, was mich rascher nach Hause zu meinem Hund und meinem Kakao treibt als diese moderne Dance-floor-Musik.

Glücklicherweise ist es fast Zeit zu gehen. Unter großem Gekreische und mit viel Drücken und Umarmen verabschieden sich Treasure und ihre Freunde auf dem Bürgersteig. Erfolglos versucht ein griesgrämiger Platzanweiser, die Meute zur Ruhe zu bringen. Treasure torkelt glücklich auf das Auto zu. Plötzlich merkt sie, daß sie humpelt und zieht ihre sehr hochhackigen Schuhe aus. Aber es war die Sache wert.

Treasures Schuhwerk

Ich höre lautes Stapfen und Stolpern auf der Treppe vor meinem Schlafzimmer. Treasure hat ihre Clogs an. Mit diesem Schuhwerk hat sie häufig Schwierigkeiten. Erst letzte Woche ist sie aus dem Bus gefallen, hat sich ihr Knie dabei verletzt und ihre neue, zu einem astronomisch hohen Preis erworbene Secondhandjeans zerrissen. Sie schien von diesem Unfall ziemlich erbaut zu sein.

»Stell dir vor«, sagte sie unheimlich aufgeregt, »ich bin eben aus dem Bus gefallen. Ich wollte gerade aussteigen, da schubst mich diese Person hinter mir, und ich verliere das Gleichgewicht.« Treasure scheint dies als eine Art Verdienst zu betrachten. Die Clogs sind ein Quell des Abenteuers. Sie torkelt darin herum, wann immer sie nur kann.

Auf unseren Einkaufstouren sind sie enorm hinderlich. »Geh nicht so schnell«, zischt Treasure und versucht, ihre Lippen nicht zu bewegen. »Ich hab' meine Clogs an.« Wir kriechen die High Street entlang. Treasure hat aus purer Notwendigkeit einen speziellen Clog-Gang entwickelt – eine Mischung aus Steigen und Schweben. Das Ergebnis ist irgendwie hochtrabend. Sie zieht in majestätischer Manier über den Bürgersteig, ein gutes Stück größer als sonst, und läßt manchmal in ihrem Gefolge einen Schwanz von stierenden Männern zurück.

»Whauwww!« machen ein paar von ihnen. Ich finde das höchst besorgniserregend. Ich habe ein paar süße flache Sandalen vorgeschlagen, aber Treasure wird allein bei dem bloßen Gedanken daran schon schlecht. Sie muß ihre riesigen Kletterschuhe tragen. Alle ihre Schuhe müssen etwas Clog-haftes haben und schwarz sein. Selbst Sandalen müssen auf eine gigantische Höhe gesetzt werden. Potentielle Knöchelbrecher.

In den siebziger Jahren hatte meine Freundin Mrs. H. einen ernsten Unfall wegen ihren Clogs. In einem stilvollen italienischen Haus fiel sie die steinernen Stufen hinab. Aber damals, erinnert sie sich, erfüllten die Clogs einen Zweck – als Sockel für die ausgestellten Hosen, die sonst im Dreck geschleift hätten. Heute sind die Schlaghosen kürzer, sagt sie, und deshalb sind Clogs nicht mehr notwendig. Nur in Holland, auf flachen Flächen oder um oben auf dem Deich zu laufen vielleicht.

Aber Treasure läßt sich von ihren nicht trennen. Sie muß sie täglich tragen. Heute abend will sie mit ihren neuen Clogs ins Strobe gehen. Sie sind fürs Tanzen schlichtweg nicht zu gebrauchen. Sie hat damals, nachdem sie dem Tod durch Zertrampeln nur knapp entkommen war, geschworen, niemals mehr mit Clogs dorthin zu gehen. Im Strobe-Gewühl mit den Clogs umzukippen ist eine fatale Angelegenheit.

»Ich dachte, du wolltest im Strobe keine Clogs mehr tragen?«

»Ich gehe nicht *ins* Strobe«, sagte Treasure müde. »Ich gehe zur U-Bahn-Station.«

»Wozu?«

»Wir müssen jemanden treffen.« Treasure gibt sich zugeknöpft. »Wir müssen um halb zehn dort sein.« Sie und Rosie steigen im Nieselregen davon.

Sie hängen jetzt mit Vorliebe an der U-Bahn-Station herum. Vier Ecken dieser grauenhaften Kreuzung scheinen sie anzuziehen: Die Strobe-Ecke, die U-Bahn-Ecke, die Ecke vom Fish-and-Chip-Shop und die Ecke, wo sie sich über den Mini-Markt lustig machen, in dem Treasure einst unterbezahlt und ausgebeutet Kinderarbeit geleistet hat. An diesen Ecken scharen sich die Jugendlichen, hocken auf den Stufen, stehen in verdächtig aussehender Weise herum. Treasure hat eine unheimliche Vorliebe für diese Kreuzung entwickelt. Sie versucht von Ecke zu Ecke zu huschen, während der Verkehr aus fünf verschiedenen Richtungen vorbeirauscht, über drei Ampeln hinüber, Betrunkene aus der Kneipe torkeln, der obligatorische Psychopath wahrscheinlich schon in einem dunklen Toreingang lauert. Grandma hat das alles im Fernsehen gesehen und sofort angerufen, um uns zu warnen.

Treasure kann nicht länger davonflitzen und diesen innerstädtischen Gefahren entkommen. Sie trägt ja ihre Clogs.

Treasures heilige Seite

Diese Woche wurde Treasures Halbschwester geboren. Wir eilen ins Krankenhaus, das Baby zu besichtigen. Es döst friedlich vor sich hin, fängt aber sofort nach unserer Ankunft an zu brüllen – das hat es in seinen zwei Lebenstagen noch nie gemacht. Baby-Schwester hat eine erstaunlich laute Stimme. Eine Hebamme fegt herein, um dem krebsroten Baby zu helfen. Es brüllt sich in Rage. »Blähungen«, sagt die Hebamme. Seine erste Attacke, speziell für uns. Zwanzig Minuten intensiven Geschreis folgen.

Treasure benimmt sich vorbildlich. Sie macht »Huttiputti« mit dem Baby und trägt es herum. Sie ist die ideale Krankenhausbesucherin. Die Mami und ich vergleichen die beiden Geburten. Treasure erblickte das Licht der Welt in Überschallgeschwindigkeit und verschlief den überwiegenden Teil der nächsten zehn Monate. Sie war ein perfektes Baby. Sie wirkt auch jetzt perfekt, wie sie da auf dem Bettrand sitzt und höflich ihren Tee trinkt.

Wir gehen nach unten in die Kantine, um uns einen kleinen Snack einzuverleiben. Kaum ist sie mit ihrer Mutter allein, beginnt sie zu knurren. Im Lift erteilt sie mir einen scharfen Verweis. »Du bist SO WAS von peinlich«, sagt sie. »Es war einfach ekelhaft, wie du über Wehen gesprochen hast. Du bist SO WAS von ekelhaft.« Vor Scham völlig geschwächt, verlangt Treasure in der Kantine ein opulentes Mahl. Es beruhigt sie ein wenig. Wir gehen wieder auf die Entbindungsstation zurück und machen weiter »Huttiputti« mit dem Baby.

Gegenüber Verwandten oder Freunden, die im Krankenhaus liegen, oder in äußersten Notfällen hat sich Treasure immer schon wie eine Heilige verhalten. Sie sitzt stundenlang am Bett und hält ein scharfes Auge darauf, ob sie irgendwelche Anzeichen von Ungeduld meinerseits entdecken kann. Beim ersten Zucken schleudert sie mir eine Verwarnung zu.

Grandma hat Treasures Hingabe und Aufmerksamkeit in der Vergangenheit in zärtlicher Erinnerung.

»Grandma geht es sehr schlecht«, sage ich. »Wir werden morgen früh zu ihr fahren.«

»Wir müssen JETZT hin«, befiehlt Treasure und packt in wilder Aufregung ihre Taschen. Sie bedachte dabei nicht, daß Grandma bei dem Gedanken, uns nachts auf der Straße zu wissen, der kalte Angstschweiß auf die Stirn trat und dieser Zustand ihre Angina verschlimmern könnte. Aber Treasure blieb unnachgiebig. Wir fuhren unverzüglich los, ohne Grandma über unsere gefährliche Reise zu informieren, und tauchten als Überraschungsgäste auf. Treasure verschwand für ganze Tage in der Klinik, plauderte unablässig, achtete auf alles, was Grandma brauchte. Sie übernahm die Verantwortung. Grandma war hingerissen. Ich sorgte für Transport und Lebensmittel, um die entsetzliche Klinikkost zu vervollständigen. Grandma ist es nicht gewöhnt, um fünf Uhr nachmittags ein Würstchen und eine halbe Tasse Dosensuppe als letzte Mahlzeit des Tages einzunehmen. Salate mußten her und anderes lebensnotwendiges Essen. Grandpa mußte zu Hause beaufsichtigt werden. Grandma ist davon überzeugt, daß er den Toaster in Brand steckt, wenn er allein ist. Treasure und ich bilden ein Team.

Treasure hat auch schon Ewigkeiten an Großtantes Bett verbracht, während ich nachts herumkurvte und eine Notdienst-Apotheke suchte. Sie hat geholfen, einen phantasierenden Grandpa immer wieder ins Bett zu befördern, und blieb stundenlang bei einem blinden, älteren Nachbarn. Seit ihres Klinikaufenthalts ist Grandma immer wieder von den Socken, was für ein vielseitiges Wesen Treasure doch hat.

Jetzt sitzt Treasure hier und wartet nur darauf, daß sie ihre neue Schwester babysitten kann. Sie ist scharf auf weitere Krankenhausbesuche. Sie hat ein Foto, auf dem sie das Baby hält. Sie ist im siebten Himmel.

Auf dem Nachhauseweg im Auto findet sie ihre normale Knurrlaune wieder. Treasure braucht mehr hautfarbene Strumpfhosen, die zu dem fürchterlichen Sommerschulrock passen.

»Kannst du nicht weiße Socken tragen?«

Treasure bekommt Zustände. »Ich habe es dir doch schon gesagt. Ich bin ein SENIOR. Ich werde darüber nicht mehr reden. Sprich nicht mit mir.«

Und wieder mal ist es eine angespannte und schweigsame Fahrt. Der Krankenhaus-Charme ist spurlos verschwunden. Ich bin ziemlich verärgert, daß ich so wenig davon abbekomme.

Auszug des Untermieters

Die Atmosphäre in unserem Haus ist ziemlich gereizt. Der Untermieter wird bald ausziehen und mit seiner Geliebten ein neues Heim einrichten. Er und ich sind nie mehr richtig wieder zusammengekommen, seit er mein halbes Vermögen für das wunderbare Regalsystem in Treasures Zimmer vergeudet hat.

Er hat jedoch seit unserem Knatsch sein Bestes getan, nett zu sein. Da ich in letzter Zeit ziemlich griesgrämig war, hat der Untermieter, um mich aufzuheitern, von fliegenden Händlern eine Ladung Pferdedung erstanden. Sie blockiert den Weg zur Haustür, als ich nach Hause komme.

»Wozu ist das?« frage ich bissig.

»Ich dachte, Sie wollten ihn vielleicht haben«, sagt der Untermieter entgegenkommend. Kann das noch etwas anderes zu bedeuten haben? Niemals zuvor habe ich eine Badewannenladung Mist geschenkt bekommen. Und es ist noch nicht mal ein Geschenk. Es war einfach ein Gefallen. Der Untermieter dachte, ich wäre unglücklich, wenn ich den Dung-Mann verpassen würde, so handelte er an meiner Stelle.

»Wollen Sie ihn nicht?« fragt er vorsichtig.

»Eigentlich nicht.« Ich mache den reichlich unfreundlichen Vorschlag, den Mist vielleicht in seinem Zimmer aufzubewahren. Dort hat in der Vergangenheit schon Schlimmeres gelegen. Als der Hund noch klein war, ist er einmal bis ganz oben unters Dach in das Zimmer des Untermieters gekraxelt und hat eine ziemliche Sauerei veranstaltet. Man hätte denken können, eine Kuh wäre über den Teppich getrampelt. Als der Untermieter heimkam, trat er unwissentlich in das, was der Hund hinterlassen hatte, und verteilte es überall gleichmäßig – die Stufen rauf und runter bis in sein Wohnzimmer. Natürlich raste er vor Zorn.

Aber warum sollte der Hund all die vielen Stufen hinaufgetapst sein, um sich zu erleichtern, wenn er es offensichtlich eilig hatte? Er wies die Zeitung zurück, die auf dem steinigen Küchenboden lag (die er gewöhnlich benutzte, wenn er dringend mußte), und muß zu des Untermieters Teppich hinaufgeschossen sein wie ein geölter Blitz.

Nach einer kurzen Diskussion kamen Treasure und ich zu dem Schluß, daß der Hund damit ein Statement abgegeben hatte. Das war seine Art zu zeigen, was er von dem Benehmen des Untermieters hielt: wenn er dem Hund Kekse oder den Fußball versteckte oder ihn manchmal sogar in die Luft warf. Abgesehen von seiner wüsten Verschwendungssucht hinsichtlich der Renovierungsarbeiten ist die Art, wie er den Hund behandelt hat, sein gravierendstes Vergehen. Sie hat fast zu seiner Kündigung geführt. Doch scheint ihn mein Verweis in Kombination mit dem Statement kuriert zu haben.

Glücklicherweise hat der Hund viele andere Bewunderer. Junge Männer sind ganz wild darauf, ihn auszuführen. Seine kräftigen Muskeln, sein wilder Ausdruck, seine schäumende Sabberei, seine zügellose Sexualität ungeachtet des Geschlechts und seine Vorliebe für Fußball machen den Hund bei ihnen beliebt. Sie schämen sich nicht, mit einem solch maskulinen Tier gesehen zu werden. Einen Pudel würden sie nicht nehmen.

Und heute erblicke ich einen Strauß roter Nelken auf dem Küchentisch. »Die sind für Sie«, sagt der Untermieter charmant. Vielleicht bin ich zu streng. Vielleicht hatten wir eine schöne Zeit. Und das Goldstück mag den Untermieter inzwischen ganz gern.

Treasures Schuluniform

Ich habe Treasure einen Sommerschulrock gekauft, da es so aussieht, als würden wir ein bißchen von dem bekommen, was die Leute Sommer nennen. Im letzten Jahr, als sich die Sonne bis Ende Juli versteckt hielt, hatte Treasure wenig Gelegenheit, den Rock zu tragen. Danach verlor sie ihn prompt. Das Teil jetzt ist das zweite Kleidungsstück dieser Art. Es ist unaufdringlich und ersetzt glücklicherweise das Sommeruniformkleid, in dem kein Mensch gut aussehen kann.

Aber wie schon der letzte Rock, ist auch dieser zu lang. Treasure denkt nicht daran, ihn in seiner gegenwärtigen Form, bis gerade unters Knie, zu tragen. Natürlich will sie ihn hochziehen, bis gerade unter den Hintern. Die Direktorin dürfte wenig begeistert sein.

Ich mache ihn kürzer. Aber ich weigere mich, ein breites Stück abzuschneiden, denn es könnte durchaus sein, daß die Direktorin auf der ursprünglichen Länge besteht. Der Saum wirkt ziemlich klumpig. Ich fummle, stecke und nähe stundenlang herum und bügle das Stück dann hübsch ordentlich. Meiner Ansicht nach ist dies eine der übelsten Arten, einen Abend zu verbringen. Ich hoffe, Treasure wird dankbar sein.

Sie ist es nicht. Unverzüglich weist sie den Rock zurück. Er ist nicht kurz genug. Außerdem erhebt sie heftigen Einspruch gegen den Saum, auch wenn er fast nicht mehr zu bemerken ist nach meinem einwandfreien Bügeln.

Am liebsten würde ich mich mit einer Peitsche vor sie stellen und darauf bestehen, daß sie die Meilen von Saum höchstpersönlich wieder auftrennt und säumt, bis in die frühen Morgenstunden daran arbeitet, wie ich es getan habe, blind und verrückt von den Tausenden klitzekleinen Stichen und dem Stoff, der sich ohne mein Zutun ständig verheddert. Ich möchte, daß sie begreift, was ihre Ablehnung bedeutet.

»Ich mache diese verdammte Arbeit nicht noch mal«,

schreie ich gemein. »Entweder trägst du den Rock so, oder du gehst ohne.«

Treasure stampft in ihrem Winterrock davon. Um nichts auf der Welt würde sie ein unattraktives Kleidungsstück tragen. Ich habe meinen üblichen großen Fehler gemacht – eine nicht durchsetzbare Drohung ausgesprochen. Treasure wird an ihrem Winterrock festhalten. Keine Drohung, kein Verbot, keine Entbehrung wird sie zum Einlenken bewegen, und mein Geld und meine Mühe werden für die Katz gewesen sein.

Wutentbrannt trenne ich Millionen winziger Stiche auf und hacke Meter von ungewünschtem Rock ab. Ich nähe ihn auf Polänge um. Nicht nur habe ich zwei Abende damit verbracht, mich an der Näherei zu probieren, sondern ich bin gerade wieder dabei, mich inkonsequent zu verhalten. Treasure hat ganz klar gewonnen. Während ich an dem zur Erblindung führenden grün-weiß gestreiften Stoff weiterfummle, werfe ich ab und zu einen Blick auf die australische Reiterserie, die gerade im Fernsehen läuft. Hinterteile, Reißverschlüsse und Pferdepeitschen blitzen auf. Ein weiterer Folterabend.

Am andern Morgen reiche ich Treasure das knappe Ergebnis. Das Weib ist befriedigt. Sie stolziert in Rock und schwarzer Strumpfhose ab in die Schule. Wütend kommt sie nach Hause. Die schwarze Strumpfhose ist nicht erlaubt. Nur hautfarbene. Das trifft sich schlecht. Schwarze Strumpfhosen verleihen dem Ensemble ein sittsames Aussehen. Hautfarbene betonen die Kürze des Rocks. Außerdem sind sie ziemlich kalt.

»Mir ist so kalt«, jammert Treasure am andern Morgen und stapft in ihrem dünnen Outfit davon. Der Sommer scheint vorbei zu sein. Wir hatten nun zwei ganze Tage Ärger wegen der Uniform, aber komischerweise mag Treasure sie insgeheim. Sie hatte sich schon immer eine gewünscht und wollte wie ein »anständiges Schulmädchen« aussehen. Und sie befreite sie von dem täglichen Alptraum, zu entscheiden, was sie denn heute wieder anziehen soll. Und es gibt noch einen zusätzlichen Überraschungsbonus: Sie kann nonstop über die Probleme schimpfen, die das Tragen einer Uniform mit sich bringt.

Fernsehen

Treasures chronisches Fernsehverhalten in Hove geht Grandma langsam auf die Nerven. Es ist die Art, wie Treasure gelähmt vor dem Kasten hockt, die Grandma deprimiert. Offensichtlich hatte sie auf ein Schwätzchen mit Treasure gehofft, aber sie hat Pech. Das faszinierende Fernsehen schlägt Treasure in seinen Bann, und das Kind, geschwächt durch die Härten der Stadt, ist zu kraftlos, um zu widerstehen. Sie benutzt Hove und die Wohnung ihrer Großeltern als ein Erholungsheim. Sie liegt herum, schmust mit dem Knautschgesicht des Hundes, schaut fern, und die Stunden vergehen, ohne daß sie den Großeltern irgendeine Freude bereitet.

Fernsehen bei uns hingegen ist ein zweischneidiges Vergnügen. Es hat einen beruhigenden und befriedenden Einfluß auf das Goldstück und bringt damit Phasen der Ruhe in unser Leben. Es ist ein Opiat. Aber unglücklicherweise können diese Phasen ziemlich ausgedehnt sein, besonders dann, wenn Hausaufgaben warten oder die Schlafenszeit näher rückt. Sie versenken Treasure in eine Art Lethargie, aus der sie nichts herauszuholen vermag außer das magische Klingeln des Telefons.

Jede andere Form der Unterbrechung – eine kleine Frage meinerseits, das entfernte Heulen des Staubsaugers, eine Ermahnung, daß das Essen auf dem Tisch steht – ruft eine wütende Antwort hervor. Als hätte man eine dösende Hornisse aufgeweckt.

Selbst neben dem fernsehenden Goldstück zu sitzen, bedeutet schon ein Risiko. Aus irgendeinem Grund muß sie immer auf der linken Seite sitzen, und jede noch so kleine Verletzung ihres Territoriums, jedes Schubsen oder jede Bewegung, ja selbst jeder Seufzer wird mit einem Wutausbruch geahndet. Überflüssig zu erwähnen, daß jeder Versuch, das von Treasure gewählte Programm zu wechseln, einen Aufstand nach sich zieht.

Sie hat Schwierigkeiten, sich festzulegen, weil sie die Übersicht verloren hat. Manchmal zappt Treasure durch die Programme, obwohl sie eine spannende Serie anschaut, um die Werbung auf den anderen Kanälen durchzuchecken. Von manchen Spots ist sie dermaßen entzückt, daß sie selbst die Serie opfert, während der niemand auch nur atmen, flüstern oder sich bewegen durfte.

Zum Glück sind alle diese Greuel vermeidbar. Treasure hat jetzt ihr eigenes Gerät in ihrem Zimmer, das sowohl Rückzug als auch Verbannung bedeuten kann. Dieses Ausweichgerät kann das Goldstück isolieren oder katatonisch machen. In der Zwischenzeit kann ich unten fernsehen, was ich will, mit meinen Freunden telefonieren und Besucher störungsfrei empfangen, heimlich naschen und mich lang auf dem Sofa lümmeln. Verglichen mit dem Telefon ist das Glückseligkeit zum Schleuderpreis.

Manchmal, an besseren Tagen, essen Treasure und ich abends vor dem Fernseher. Das bedeutet keine Streits bei Tisch und weniger Kritik am Essen. Aber mit dem gemeinsamen fernsehen sind Risiken verbunden. Treasure stellt zehntausend Fragen zur Sendung. Heute sieht sie den Sarg von Marilyn Monroe.

»Wann ist sie gestorben?« fragt Treasure. »Ist sie ermordet worden? Warum? Wie alt war sie? Warum hatte Präsident Kennedy Freundinnen? Wie viele? Woher weißt du das?« Treasures Fragerei nimmt nie ein Ende. Es geht wild durcheinander und ruiniert den Rest der Sendung. Damit sind unsere Fernsehessen ziemlich verdorben, und es zeigt deutlich, daß Treasure mit zweierlei Maß mißt. Niemand darf *ihr* auch nur eine einzige Frage stellen, während sie schaut.

Grandma ignoriert unklugerweise dieses Edikt, wenn Treasure in Hove ist. Sie stellt trotzdem lauter Fragen.

»Möchtest du einen Apfelkuchen?« brüllt Grandma. »Was willst du draufhaben? Yoghurt oder Vanilleeis?«

»Irgendwas«, faucht Treasure unhöflich. Ihr wird ein vorzügliches selbstgemachtes Gebäck angeboten, aber sie würdigt es keineswegs.

Eine derart vage Antwort akzeptiert Grandma nicht. Sie brüllt weiter. »Entscheide dich gefälligst.« Grandma gewinnt. Sie wirbelt wie ein Tornado um das Fernsehen. Treasure weiß, sie muß antworten, wenn sie noch mal was sehen will.

»Yoghurt.« Sie antwortet so knapp wie möglich. »Bitte« ist überflüssig.

Schulregeln

Treasure hat von der Direktorin wieder einen auf den Deckel bekommen. Der verhaßte Sommerrock ist zu kurz. Die Direktorin hat angeordnet, daß er auf seine ursprüngliche Länge gebracht werden muß. Treasure ist stinkwütend. Außerdem hat die Direktorin sie angewiesen, den Saum höchstpersönlich aufzutrennen. Sie muß sich jetzt abrackern und sich mit einer stumpfsinnigen Arbeit herumschlagen. Kein Wunder, daß sie rebelliert.

»Alle anderen Röcke haben die gleiche Länge«, wütet Treasure. »Wir haben sie gemessen. Meinen, Sallys, Carols, Hazels und Chloes.«

»Vielleicht sind deine Beine länger, und der Rock wirkt deshalb kürzer.«

Treasure stampft wütend auf. »Nein. Wir haben vom Knie aufwärts gemessen. Sie hat es einfach auf mich abgesehen. Es ist nicht fair.«

Treasure war schon vorher mit der Direktorin zusammengestoßen, weil sie sich ihr Haar teilweise orange gefärbt hatte. Es sollte eigentlich zartgold werden, aber gewisse blonde Teile bekamen einen ziemlich auffälligen Ton. Treasure segelte in die Schule wie eine Leuchtboje und handelte sich unverzüglich einen Verweis ein. Ich wurde zur Direktorin zitiert. »Wenn wir das erlauben«, sagte sie und lächelte dabei charmant, »dann werden die Leute als nächstes ihre Haare grün färben.«

»Mit Sicherheit«, sagte ich und schlug mich auf die Seite des Feindes, weil ich insgeheim begeistert war, daß die Schule strenge Regeln durchsetzen will: ordentliche Haarfarbe, vernünftiges Schuhwerk, lange Röcke, Ruhe im Klassenraum und keine Flucherei. Ich halte dies für das perfekte Gegengift zu der Laxheit bei uns zu Hause, wo auffällige Kleidung, unanständige Sprache und ein ziemlich monsterhaftes Verhalten die Norm sind.

Treasure und ich versuchten mit allen erdenklichen Behandlungsmethoden, das Haar in Ordnung zu bringen – wiederholtes Waschen, Einweichen in Kokosöl mit anschließendem Einpacken in Haarkuren und Handtüchern, aber das Leuchtfeuer wurde kaum schwächer. Zum Glück lenkte die Direktorin ein, beeindruckt von unseren Anstrengungen, Gehorsam zu leisten. Das Leuchtfeuer verblaßte allmählich. Aber dann benahm Treasure sich ziemlich dreist. Sie stolzierte in die Schule, ohne ihren Rock länger gemacht zu haben. Sie liebt das Spiel mit dem Feuer.

Dabei ist der Rock nicht das einzige Problem. Treasure hat einen großen Teil ihrer Hausaufgaben verloren und trägt Turnschuhe statt ihre anständigen Schulschuhe. Die von den Clogs herrührenden Blasen erlauben ihr kein anderes Schuhwerk. Und auf ihren Fersen haben sich fette Schwielen gebildet, die ihre Existenz wahrscheinlich der Modeerscheinung verdanken, die Bänder nicht binden und die Schuhe die Hakken rauf- und runterreiben zu lassen.

Ich rufe die Direktorin an und erkläre das mit dem Rock, das mit dem Hinken und das mit den verlorenen Hausaufgaben. Sie ist freundlich und hat nichts von jener Furie, als die Treasure sie beschrieben hat. Sie hat Treasure sogar angeboten, sagt sie, den Saum selbst rauszulassen. Ihr ist vielleicht noch nicht aufgefallen, daß Treasure inzwischen Radlerhosen unter dem Rock trägt. Treasure scheint den Rock mehr als dekoratives Accessoire zu betrachten denn als dezentes Kleidungsstück.

An diesem Wochenende muß sie nähen und den Rock auf die richtige Länge bringen. Eine gräßliche Aussicht. Treasure hat noch nie eine Nähstunde gehabt.

»Was?« schimpft eine Beraterin. »Vierzehn und kann nicht nähen?«

»Nähen wird nicht mehr unterrichtet«, erkläre ich. »Stattdessen haben sie jetzt Computerstunden.«

»Dann bring du es ihr bei.«

»Ich kann ihr nicht alles beibringen«, sage ich in Erinnerung an Geigenstunden, Französisch-Hausaufgaben und Algebra.

»Mein Gott«, kreischt meine Beraterin, »ermögliche es ihr einfach. Gib ihr Nadel und Faden, zeige ihr ein paar Stiche und laß sie dann weitermachen. Das kannst du doch wohl, oder?«

»Nein. Ich muß gestehen, das kann ich nicht.« Es mag von außen betrachtet ganz einfach sein, aber meine Beraterin hat die Legion von Malheuren, die passieren können, außer acht gelassen: Ein Faden, der nicht durch die Öse geht, verhedderter Stoff, ärgerliche Knoten, durchstochene Finger. Jedes einzelne Unglück für sich allein genommen reicht, um Treasure in Null Komma nichts auf hundertachtzig zu bringen, und ICH bin schuld. Ganz zu schweigen von der Zeit, die es kosten würde. Treasure mag vielleicht noch mit einer 5-Minuten-Naht fertig werden, aber diese endlosen Meter von Saum würde sie nicht überleben.

Vielleicht ist dies noch etwas, das ich der Schule als Problem überlassen könnte. Ich erinnere Treasure daran, daß die Direktorin freundlicherweise angeboten hat, den Saum selbst rauszulassen.

»Das stimmt«, faucht Treasure. »Sie hat gesagt, sie würde ihn auf der Stelle runterreißen.«

Wem soll ich bloß glauben?

Unser Ausflug

Treasure und ich haben uns in einer gefährlichen Gegend um King's Cross herum verabredet. Sie trifft mit dramatischen Neuigkeiten ein. Ihre Freundin Chloe hat sich abscheulich benommen. Treasure ist meilenweit quer durch London gefahren, um sie zu besuchen, und man hat ihr nicht mal eine Kleinigkeit zu essen angeboten. Sie haben sich hoffnungslos zerstritten.

»Ich bin SO SAUER«, platzt Treasure herein. Sie steuert auf Wein und Erdnüsse zu. Sie ist der Meinung, daß diese traumatische Begebenheit sie zu einem Drink berechtigt.

»Nur ein Schlückchen«, sage ich.

»Ist schon in Ordnung«, sagt Treasure zuversichtlich. »Kinder dürfen beim Essen trinken soviel sie wollen. Die Erdnüsse sind das Essen.« Sie kippt und schlingt Wein und Erdnüsse hinunter und hält Schmähreden auf die Freundin. Wir sind auf einer privaten Ausstellung. Treasure schaut sich in kultivierter Manier die Bilder an. Dann trifft sie eine Altersgenossin. Sie ist in der Lage, ihre Horrorgeschichte noch einmal zu erzählen. Sie scheint wegen des Weins in keinem schlechteren Zustand zu sein.

Ich schon. Ein Glas genügte, um einen verheerenden Effekt zu erzielen. Das nehme ich übel. Im Gegensatz zu anderen Erwachsenen gehöre ich zu den Leuten, die nichts trinken können. Schon ein Glas Wein – die Qualität des Getränks spielt dabei überhaupt keine Rolle – beschert mir mörderische Kopfschmerzen. Bereits nach der Hälfte des Glases fühle ich sie aufsteigen. Ich wage keinen zweiten Drink. Treasure und ich stolzieren Arm in Arm zu einem nahegelegenen italienischen Lokal. Sie ist begeistert, daß wir zusammen essen gehen, und glaubt uns beide in einem Zustand der Trunkenheit.

Gutgelaunt betreten wir das Lokal. Das Personal verschwört sich umgehend gegen uns. Die Bedienung ist neu und charmant, aber sie spricht kein Wort Englisch. Sie hat ein attraktives Lächeln aufgesetzt, versteht aber unsere Bestellung nicht. Wir zeigen wiederholt auf das in beiden Sprachen aufgeführte Gericht. Unangenehme Hintergrundmusik ist angestellt worden, und das Lokal ist fast leer. Seit meinem letzten Besuch hier scheint das Niveau signifikant gefallen zu sein. Was ist passiert? Die Zeit schleicht dahin. Treasure beginnt herumzuzappeln. Ich schicke sie ans Telefon, Rosie anrufen, in der Hoffnung, daß ein kleiner Plausch unter Freundinnen ihr hilft, die endlose Warterei aufs Essen zu überbrücken.

Fünfzig Minuten später erscheint die Bedienung mit einem Lächeln im Gesicht und dem falschen Gericht für mich. Treasure teilt ihre in Butter schwimmenden Garnelen mit mir. Die Mischung von Wein und Widrigkeiten scheint sie in einen Engel verwandelt zu haben. Nicht mal der nächste Gang kann ihre Laune dämpfen. Sie hatte gebratenes Huhn mit Paprika bestellt. Bedeckt unter einem Berg von

Paprika und ertränkt in einem See von Öl liegt ein Quadratmillimeter Huhn. Treasure hat nicht viel für Paprika übrig. Es war das Huhn, auf das sie scharf war. Trotzdem beschwert sie sich kaum. »Macht nichts«, sagt sie. »Du kannst die Paprika haben.«

Unklugerweise habe ich Tintenfisch bestellt. Er schwimmt ebenfalls im Öl. Ich esse Treasures Paprika. Da dieser Ausflug ein besonderer Leckerbissen sein sollte, leisten Treasure und ich uns für die Fahrt nach Hause ein Taxi. Mir ist ziemlich schlecht. Ich habe elende Magenschmerzen. Offensichtlich kann ich weder exzessiv essen noch trinken, ohne daß ich postwendend dafür bestraft werde. Aber trotz der Fettmeere des katastrophalen Services, der Bauchschmerzen und der Unannehmlichkeiten fanden wir unseren Ausflug ziemlich schön. Er war wirklich ein Bombenerfolg. Treasure möchte ihn wiederholen.

»So was haben wir schon seit Ewigkeiten nicht mehr gemacht«, sagt sie. Wir müssen es offensichtlich noch mal machen. Der Erfolg steigt mir zu Kopf. Entspannt liege ich im Taxi, habe meine Beine ausgestreckt, um mein Bauchweh zu lindern. Ich lasse die etikettemäßigen Zügel schleifen. Doch in diesem Punkt kennt Treasure kein Pardon.

»Setz dich anständig hin, Mami«, sagt sie streng.

»Ich kann nicht. Mir ist so schlecht.«

»Dir kann nicht schlecht sein«, sagt Treasure. »Du bist eine Mutter.«

Die verschiedenen Alter von Treasure

Treasures Alter ist variabel. Es reicht von drei bis dreißig. Sie ist sechzehn bis dreißig, wenn wir einkaufen gehen, drei bis fünf, wenn sie sich für die Schule fertigmachen muß oder sich schlecht fühlt, zehn bis fünfzehn, wenn es um ihre Hausaufgaben geht, und fünf bis achtzehn bei Verwandtenbesuchen. Es ist manchmal schwierig, sich auf diese plötzlichen Veränderungen einzustellen.

Heute haben wir eine Elf-bis-Dreißig-Einkaufsexpedition. Treasure und ich wollen Grandmas Geburtstagsgeschenk besorgen. Eine schwierige Aufgabe. Grandma ist nicht besonders dankbar, wenn sie Geschenke bekommt.

»Dafür hast du dein Geld ausgegeben?« schimpft sie. »Ich habe dir gesagt, du sollst kein Geld verschwenden. Und kauf mir keine Blumen mehr.«

Wir widerstehen ihr jedesmal. Die Ruppigkeit, mit der Grandma ein Geschenk entgegennimmt, ist für uns der Gradmesser, ob das Geschenk ein Erfolg ist oder nicht. Über die Bluse im letzten Jahr war sie zutiefst gekränkt. Am liebsten mag sie Selbstgemachtes. Dieses Jahr gehen wir ein enormes Risiko ein insofern, als wir ihr etwas Außergewöhnliches kaufen wollen.

Wir fahren zum Camden Market. Wir parken. Aber als wir das Auto verlassen, stößt Treasure auf zwei Freundinnen, die auf dem Weg zur Oxford Street sind. Darf sie mit? Ja. Wir können Grandmas Geschenk auch morgen kaufen. Ich lasse Treasure ziehen. Ich kann jetzt nach Hause fahren und den ganzen Nachmittag in Ruhe arbeiten.

Ich komme zu Hause an. Brring brring. Das fürchterliche Telefon. »Zahlen Sie ein Gespräch aus London?«

Es ist Treasure, und sie ist völlig aufgelöst. Sie hat kein Kleingeld. Sie hat es sich anders überlegt. Sie wollte gar nicht mit ihren Freundinnen weg. Sie ist jetzt auf der Stufe elf Jahre. Sie wollte bei ihrer Mami bleiben und einkaufen gehen. Sie fühlt sich schrecklich elend. Sie glaubt, sie hat mich im Stich gelassen. Sie ist zurückgerannt, aber zu spät. Sie sah mich gerade noch wegfahren. Sie durchstreifte die Einbahnstraßen, um mein Auto zu suchen, aber ich war verschwunden. Sie ist verzweifelt und allein. Sie will bei ihrer Mami sein. Bin ich böse?

Nein. Ich fahre wieder zurück. Treasure und ich starten einen zweiten Versuch. Sie ist fünfzehn, und das ist ihre Vorstellung vom Himmel. Überall gibt es Ohrringe, T-Shirts, Räucherstäbchen und Falafel. Das ist nicht gerade Grandmas Stil. Und dann entdeckt Treasure das perfekte Geschenk. Einen Hut. Modell Panama mit breiter Krempe und blauer Einfassung, genau das richtige für Grandmas Spaziergänge im Sonnenschein auf der Promenade. Ich setze ihn auf. Er ist zu groß. Ich versuche einen anderen, beigefarbenen. Er schaut besser aus. Ich kann ihn ja tragen, wenn Grandma ihn nicht will.

»Sag so was nicht«, schimpft Treasure herrisch. »Das sagst du immer. Der andere ist besser. Er ist mehr Grandma. Der beige ist zu modern.« Sie hat recht. Jetzt ist sie einundzwanzig. Wir kaufen den unmodernen Hut. Ob Grandma ihn wohl mag? Das weiß man nicht.

Selbst ich kann mich für das Ambiente immer mehr erwärmen. Treasure und ich sitzen am Kanal in der Sonne, essen vegetarische Snacks und Karottenkuchen. Dies ist ein angenehmes Zwischenspiel. Wir sind beide im richtigen Alter. Treasure hat in zwei Punkten recht gehabt – sie hat den besseren Hut gewählt und die richtige Person zum Einkaufen. Ihre Mami. Letzteres war eine unerwartete Wahl. Normalerweise bin ich eher ein peinliches Hindernis als eine angenehme Notwendigkeit. Treasure tut gegenwärtig so, als bräuchte sie ihre Mami nicht besonders. Nur gelegentlich, je nachdem, wie alt sie gerade ist.

Wir sind in Hove bei Grandmas Geburtstag. Sie ist begeistert von dem Hut. Zufällig geht sie nächste Woche auf eine Hochzeit, und der Hut ist genau das, was sie wollte. Die Krempe kitzelt ihr ein bißchen im Nacken, aber der Hut ist ein Erfolg. Wie auch die erste halbe Stunde unseres Besuchs.

Treasure nimmt begeistert ihr Mittagessen am Tisch ein und ißt alles auf.

Aber es gibt eine Grenze hinsichtlich der Anzahl der tugendhaften Dinge, die Treasure zu leisten vermag, und die scheint erreicht zu sein. Sie hat den Hut entdeckt und sich für ihn stark gemacht, sie hat ihr Essen anständig gegessen, und jetzt hat sie von ihrer Mutter und den Großeltern die Nase voll. Sie ist siebzehn und wünscht, alleine zu sein. Sie muß schweigend die australische Seifenoper anschauen und dann ausgehen.

»Ich werde am Strand spazierengehen«, sagt sie ziemlich hochtrabend.

Vier Stunden später, gerade als Grandma und ich einen Suchtrupp losschicken wollten, taucht sie wieder auf. Ihre Füße sind von riesigen offenen Blasen bedeckt. Sie ist zweimal hin und zurück bis zum Brighton Pier gelaufen, teilweise in den fürchterlichen Clogs und teilweise barfuß, richtig romantisch bei Ebbe am Strand. Für den Rest des Abends genießen wir die Gnade ihrer Anwesenheit, aber Treasure ist erschöpft und eigentlich zu nichts zu gebrauchen. Sie kann kaum essen und auch nicht sprechen – genau die zwei Dinge, die sich Grandma und Grandpa am meisten wünschen.

Und wir haben eine andere drängende Verpflichtung. Wir müssen die Großtante besuchen, die gleich um die Ecke wohnt. Treasure kann genausogut auf Tantes Sofa sinken wie auf Grandmas. Sie geht barfuß, wegen der fürchterlichen Blasen, und trägt die Clogs in der Hand. Warum?

»Weil es so aussieht, als ob ich sie gerade ausgezogen hätte.«

Treasure läßt sich auf Tantes Sofa plumpsen. Sie ist wieder sieben. Sie behält die Jackenkapuze auf und lutscht am Daumen. Zum Glück ißt der Hund sein in Vierecke geschnittenes Marmeladenbrot und gibt Tantchen einen Kuß. Tantchen betreibt mit mir und dem Hund Konversation. Sie versucht es auch mit dem Goldstück. Mehr als ein paar müde Worte sind nicht aus ihr rauszuquetschen. Treasure ist ganz mit ihrer altersmäßigen Rückentwicklung beschäftigt und hat den Mund voll Daumen.

Tantchen und ich geben auf und sehen fern. Cowboys, Indianer und eine bezaubernde Ärztin schwitzen sich durch eine Cholera-Epidemie. Zum Glück ist dies Tantchens Lieblingssendung. In der Vergangenheit haben wir manchmal das Fernsehgerät ausgeschaltet gelassen, aber Treasure hat trotzdem kaum einen Muckser von sich gegeben. Natürlich ist Tantchen ein bißchen enttäuscht von diesem Besuch. Sie freut sich auf Treasures Besuche wie auf die Sonne, und dann steht sie fast jedesmal völlig im Regen.

Auf dem Weg nach Hause tadle ich Treasure und werfe ihr vor, sich nicht die Bohne bemüht zu haben. Sie ist beleidigt.

»Habe ich wohl«, schreit sie. »Ich war sehr nett zu Tantchen, und sie war sehr nett zu mir. Du warst es, die sich entsetzlich benommen hat.«

Dies ist eine merkwürdige Interpretation der Ereignisse. Es sei denn, Treasure ist wieder acht.

Ferienpläne

Treasure und ich sehnen uns langsam nach Ferien auf dem Festland. Ähnlich wie bei einer Geburt haben wir die Unannehmlichkeiten des letzten Urlaubs vergessen und möchten jetzt wieder in Urlaub fahren. Aber können wir uns das leisten? Ich schlage Camping in Südfrankreich vor. Treasure ist begeistert. Meine Freundin Mrs. B. ist entsetzt. Ob ich verrückt bin, fragt sie. Ob ich etwa die anstrengende Hitze, die Mücken, die Langeweile vergessen habe und auch, daß ich Camping und gesunde Betätigungen in der freien Natur hasse. Und daß ich quer über die Felder zu den Gemeinschaftstoiletten laufen muß. Sie verbietet mir zu fahren. Sie ruiniert meinen Traum. Ich hatte mich schon in einem schattigen Zelt gesehen, wie ich friedlich vor mich hin tippe, während Treasure und Rosie zum Schwimmen gegangen sind, in die Disco, zum Windsurfen und Flirten.

Mrs. B. wirkt ziemlich sauer. »Oh, wie schön. Du wirst den ganzen Tag herumhocken und zuschauen, wie sich die Teenager amüsieren, während du vermoderst und mit jeder Minute faltiger wirst. Es wird unerträglich sein. Du wirst dich langweilen. Mit wem willst du reden? Vergiß es.« Sie ist ein pragmatischer Mensch.

Ich vergaß es. Wie dem auch sei, Treasure plant weitere unmittelbare und furchterregende Ferien. Sie ist scharf auf Glastonbury. »Rosie geht, Chloe geht, Lizzie geht. Rosies Mutter geht. Es kostet nur fünfzig Pfund.«

»Nur wenn Rosies Mutter wirklich mitgeht.« Die Frau ist ein Engel. Wer sonst würde den gräßlichen Toiletten auf einem Popfestival, dem Krach, den Warteschlangen, den Drogen, dem Getrampel, den Massenunterkünften und dem unvermeidbaren Regen mutig gegenübertreten?

Ich beschreibe Treasure diese grauenhaften Bedingungen – Erinnerungen aus meiner Jugend, als ich selbst dort gewesen war. »Macht uns nichts aus«, singt sie und tanzt durch die Küche. »Wir sind jung. Und Rosies Mutter wird im Hotel wohnen, und wir müssen uns jeden Tag bei ihr melden, und wenn wir kein Geld mehr haben, gibt sie uns was zu essen.«

Täglich erreichen mich weitere Details von Treasures Ferienplanung. Ein riesiges Zelt muß vorweg aufgestellt werden. Das Zelt von Lizzies Vater. Lizzie weiß, wie's geht. Ein Kino gibt es dort. Chloes Vater kommt auch mit. Ich könnte ebenfalls. »Warum kommst du nicht mit? Du könntest doch auch im Hotel wohnen.«

Unmöglich. Aber ich begreife, daß irgendeine Art von Ferien sein muß. Ich entscheide mich für Cornwall. Warum auch nicht? Andere Leute fahren auch dorthin und verbringen schöne Tage. Manchmal scheint sogar die Sonne. Sie ist mir zwar bei meinen Besuchen noch nie begegnet, aber ich bin darauf vorbereitet. Wie auch immer, wenn ich einen Ferienort mit Disco finde, kann Treasure nachts leben und die verregneten Tage verschlafen. Und dann gibt es dort »Surfer gegen Abwasser«, für die Treasure sich interessiert.

Aber ich finde, daß sie diesmal eine Freundin mitnehmen muß. Werden wir eine finden, die noch nichts vorhat, deren Eltern erlauben, daß sie mitfährt, und die es auch bezahlen können? Rosies Mutter sagt, ja. Hoffentlich geraten sich die beiden nicht noch im letzten Moment fürchterlich in die Haare. Ferienplanung ist für uns ein fürchterliches Glücksspiel.

Immer unanständigere Kleidung

Zum letzten Designer-Klamotten-Ausverkauf habe ich mich ohne Treasure geschlichen. Eine Beraterin hatte mir das empfohlen. Sie hatte uns beide nämlich einmal zu diesem Ereignis begleitet und war damit um eine grauenhafte Erfahrung reicher. Treasure brauchte Hilfe – jemanden, der ihr alle Kleider in unterschiedlichen Größen und Farben anschleppte, sie in Stilfragen beriet, ihre Auswahl bewunderte. Außerdem hatte sie fürchterliche Schwierigkeiten, ihre Ausgaben einzuschränken, was zu einem Streit in der Gemeinschaftsumkleidekabine führte. Ich fühlte mich von Treasure schikaniert und war nicht in der Lage, ruhig für mich auszusuchen oder meiner Beraterin aufmerksam zuzuhören. Sich in einer Gemeinschaftsumkleidekabine zu entspannen und toll vorzukommen ist schwierig, besonders wenn man übelster Laune ist. Also ging ich alleine zum letzten Schlußverkauf.

Als Treasure dahinterkam, war sie total empört. »Wie konntest du das tun? Du bist so was von egoistisch und gemein.« Diesmal erspäht sie die Einladung im Briefkasten, stürzt sich drauf und versteckt sie in ihrem Zimmer. Sie lädt Rosie und ihre Mutter ein, so daß ich mich unmöglich noch einmal ohne sie davonstehlen kann. Wir ziehen im Konvoi los.

Treasure wählt eine reichlich gewagte Kombination aus: ein rotes, wie ein Korsett gearbeitetes Satintop mit passenden hautengen Hotpants. Das Korsett ist sehr eng; die Nähte sind bereits arg strapaziert. Wahrscheinlich hatten andere Möchtegern-Vamps auch schon Schwierigkeiten, sich hineinzuzwängen. Zum Glück ist Rosies Mutter zur Stelle, um auf diesen Makel hinzuweisen. Hätte ich den Riß entdeckt, hätte Treasure das Teil garantiert noch besser gefallen. Sie hängt das Ensemble zurück.

Sie kehrt mit einer anderen Auswahl von hautengen Kleidungsstücken in die Umkleidekabine zurück. Da sie am Körper liegen wie eine zweite Haut, sind sie von oben bis unten mit Reißverschlüssen versehen, damit die Trägerin überhaupt reinkommt. Treasure arbeitet sich in den Rock und das Oberteil hinein und zieht die Reißverschlüsse zu. Diese Horrorklamotten sind sogar noch erotischer als das Schlauchkleid. Indem sie bedecken, enthüllen sie reichlich. Der Rockreißverschluß geht von der Wade bis zur Taille. Er folgt den Regeln des Designs: Kombination von Form und Funktion. Der Topausschnitt ist äußerst gewagt, besonders durch den Reißverschluß vom Hals zur Taille. Treasure ist das egal. Sie hat sich in diese Kleidungsstücke verliebt. Das Flittchen will sie *unbedingt* haben. Ich werde aus zwei Gründen nervös: wegen meines schrumpfenden Bankkontos und wegen Treasures Sicherheit, wenn sie in diesem aufreizenden Reißverschluß-Schlangen-Outfit in der Öffentlichkeit herumläuft.

»Entscheide dich für ein Teil«, sage ich gemein. »Rock oder Top.«

Treasure wirkt niedergeschlagen. Sie kann diese herzzerreißende Entscheidung unmöglich treffen. Sie bewundert beide Teile gleichermaßen.

»Ich werd's bezahlen«, bettelt sie. »Ich bezahle ein Teil selbst.«

»Du schuldest mir immer noch Geld für das Fahrrad.« Ich bin herzlos.

»Nimm's von meinem Konto«, sagt Treasure. »Ich habe dir doch gesagt, du sollst es nehmen.« Sie ist bleich vor Begierde.

»Also gut.« In abgehackten Worten nehme ich Treasure das Versprechen ab, daß sie so lange auf ihr Taschengeld verzichtet, bis die Klamotten und das Fahrrad abbezahlt sind.

Auf dem Nachhauseweg bin ich ziemlich verdrießlich. Ich finde es mühsam, fröhlich über Treasures umwerfende neue Garderobe zu plaudern. Ich selbst habe natürlich nichts gekauft.

Geerbte Ängstlichkeit

Ich fahre allein zu den Großeltern, da Treasures Terminkalender ihr nicht erlaubt, die Stadt zu verlassen. Auf dem Weg zur Victoria Station treffe ich in der U-Bahn eine Bettlerin. Sie sieht völlig abgerissen aus und hat ein kleines Kind bei sich. Ich bleche.

Um die Großeltern über das Leben in der Großstadt auf dem laufenden zu halten, erzähle ich ihnen bei meiner Ankunft in Hove, daß die Londoner U-Bahn inzwischen von Obdachlosen, Entwurzelten und Armen nur so wimmelt. Grandpa läßt meine Schilderung kalt. »Solche Leute fahren nach Mallorca in Urlaub«, sagt er sachkundig. »Die verdienen ein Vermögen. Das weißt du doch, oder?«

»Ich hoffe, du hast ihnen nichts gegeben«, sagt Grandma, von Grandpas Kommentaren beeindruckt. Sie sind beide davon überzeugt, daß es unzählige Gelegenheiten gibt, in denen man mich wahrscheinlich für dumm verkauft. Alter und Entfernung behindern Grandpas Bemühungen, mich zu retten. Aber er probiert's. Er schickt mir Artikel über Gefahren und Scharlatane, die er aus der Zeitung ausgerissen hat. Als da wären: Versicherungsfirmen, die bescheißen, Gefahren bei nächtlichen Autofahrten, Autodiebe, Überfälle auf Personen, Häuser, die von jugendlichen Überraschungsbesuchern ruiniert werden. Er versieht diese Artikel mit strengen Anweisungen, die er in den Großbuchstaben an den Rand schreibt. »KEINE PARTYS IN DEINEM HAUS«, begleitet von einem neulich eintreffenden ängstlichen Brief: »Sei auf der Hut vor Dieben und Halunken, die immer in Deiner Nähe sind. In Liebe, Dein Papa.«

Aus dem entfernten Hove können die Großeltern diese furchtbaren Warnungen und Sorgen nur äußern. Sie befinden sich ständig auf Alarmstufe eins. Ihre Tochter und ihre Enkelin leben in einem Schmelztiegel von Laster, Korruption, Kriminalität und explodierenden Bomben. Selbst der kleinste Schritt scheint gefährlich. Diese Annahme ist mehr oder weniger zutreffend. Aber wir müssen so tun, als stimmte das nicht, damit sie sich manchmal entspannen und nachts schlafen können.

Erst letzte Woche holte ich den Perez-Jungen vom Zug ab. Während der zehn Minuten, die ich warten mußte, gab es zwei Bombendrohungen. Der Perez-Junge und ich flüchteten atemlos und kreidebleich vor Angst. Ich machte den unverzeihlichen Fehler, Grandma von dieser Begebenheit zu erzählen. Sie war außer sich. Warum hatte ich mein Leben aufs Spiel gesetzt, um das Kind von jemand anderem abzuholen? Ich mußte versprechen, daß ich es nie wieder tue. Und daß ich die Wagentür von innen während der Fahrt verriegele, und daß ich niemals im Dunkeln ausgehe.

Ihr Terror nimmt in dem Maße zu, wie Treasure älter und unabhängiger wird. »Laß das Mädchen nicht aus den Augen«, brüllt Grandpa. »Hast du mich verstanden?«

Sie würden der modernen Vorstellung, daß man ein Kind Wagnisse eingehen lassen muß, damit es lernt, mit Gefahren umzugehen, heftigst widersprechen. Ich habe diese Ansicht ihnen gegenüber nicht erwähnt. Aber sie versuchen, die Zügel locker zu lassen. Wenn wir in Hove sind, darf Treasure inzwischen am hellichten Tag den 5-Minuten-Marsch um die Ecke zu Tantchen alleine machen. Als Erwachsene darf ich mit dem Hund nachts nach draußen, aber ich muß Grandpas Knüppel, eine mit Nägeln versehene Schwarzdornkeule, bei mir tragen, damit ich mich gegen Verrückte zur Wehr setzen kann. Selbst Hove ist gefährlich.

Ich wage gar nicht, ihnen von Treasures kleinem Spaziergang in die Stadt zu erzählen. Letzten Sonntag verschwand sie, um ihre Doc Martens bei Lizzie abzuholen. Es war spät am Nachmittag, und die Sonne schien noch. Das Ganze war als kleiner Ausflug gedacht gewesen. Treasure wollte sich einen ruhigen Tag machen, um Kraft für die Schule am Montag zu tanken. Dreißig Minuten später kam sie mit Horrorgeschichten wieder. Sie hatte eine ängstliche ältere Dame gesehen, die von einem wütenden Betrunkenen verfolgt wurde. Die Polizei war mit heulenden Sirenen angekommen und hatte den Betrunkenen weggejagt. Treasure nahm ihre Doc Martens in Empfang und begegnete auf dem Rückweg erneut der älteren Dame, die immer noch in panischer Angst war und um Schutz bat. Der Betrunkene war wieder hinter ihr her. Schwerfällig bewegte er sich auf Treasure und die zitternde Frau zu und brüllte los.

»Was willst du?« sagte Treasure streng.

»Seven Sisters Road«, brummelte der Betrunkene.

»In die Richtung«, sagte Treasure wütend, und prompt verschwand er. Natürlich kam sie völlig aufgeregt nach

Hause. Die Großeltern dürfen diese Geschichte nie im Leben erfahren.

Selbst die Tatsache, daß ich mit dem Zug nach Hove reise, läßt sie schaudern. Sie sind der Meinung, es besteht ein enormes Risiko, daß meine Taschen auf der Rückfahrt in die Stadt gestohlen werden. Selbst wenn ich den Räubern entkomme, kann ich immer noch versehentlich eine Tasche im Zug stehen lassen – wahrscheinlich die mit Grandmas Proviant. Grandma versieht sie in Großbuchstaben mit meinen Initialen. Ich bin ihr Baby. Sie hat jetzt zwei von der Sorte. Sobald ich zu Hause angekommen bin, muß ich unverzüglich anrufen und mich und mein Gepäck zurückmelden.

Es ist schwer, die Ängstlichkeit der Großeltern zu ignorieren. Sie ist ansteckend. Ich fürchte mich zu Tode, wenn Treasure nachts mit ihren Freunden unterwegs ist. Und jetzt plant sie wieder ihren Aufenthalt in Glastonbury. Haarsträubende Szenen spielen sich vor meinem geistigen Auge ab. Verschwommene Erinnerungen an Popfestivals in meiner Jugend blitzen in meinem Gedächtnis auf – der Regen, die Unannehmlichkeiten, die Menschenmassen, die Unordnung und meilenlangen Schlangen vor den alptraumhaften Toiletten. Ich sehe Treasure und ihre Kumpels über die matschige, aufgeweichte Erde trampeln, durch Massen von abgerissenen Punks und Hippies hindurch, wie sie die haschgeschwängerte Luft einatmen und mit Ecstasy-Tabletten bombardiert werden, während der Gelegenheitstrip heimlich in Treasures Pepsi aufgelöst wird.

Ich gebe Treasure eine zurückhaltende Beschreibung dieser Höllenvisionen.

»Red keinen Unsinn, Mami. Für einen Trip muß man bezahlen. Keiner gibt dir einen umsonst.« Sie verliert die Geduld. »Man wirft keine Trips in Drinks. Das kann sich keiner mehr leisten.« Beruhigend beschreibt sie ihre Camping-Pläne. »Rosie wird mit ihrem Vater am Mittwoch hinfahren, um das Zelt aufzustellen. Es hat drei Zimmer, und ich brauche ein Paar neue Doc Martens. Ich brauche sie jetzt, damit ich sie einlaufen kann. Wann können wir einkaufen gehen?« Sie ist durch und durch praktisch.

Treasure hat alles bestens organisiert. Lizzies Papa fährt die Gang runter, Chloes Mama wird am Standort sein, tägliches Melden und einen Bericht verlangen. Heute sind Treasures glänzende vielfarbige Tickets angekommen. Sie freut sich wahnsinnig. In ihrer Begeisterung erzählt sie voreilig Grandma von Glastonbury. Die Vorstellungskraft der Großeltern ist sogar noch wilder als meine. Grandma ist sich hundertprozentig sicher, daß Treasure nachts von vollgedröhnten Vergewaltigern überfallen wird. Und wenn nicht von denen, dann von Grippe und anderen Krankheiten. Das sind genau meine eigenen Gedanken. Ich tue so, als wären sie es nicht.

»Es ist da ziemlich sicher«, erzähle ich Grandma. »Viele Eltern fahren mit.« Ich klinge unheimlich zuversichtlich. Aber es nützt nichts. Die Großeltern und ich werden entsetzliche Qualen durchleiden, während Treasure in Glastonbury herumhüpft.

Ich habe natürlich meine Berater konsultiert. Absolut sicher, sagen sie. Wo so viele Leute herumlaufen, passiert nichts. Nicht schlimmer als das Strobe. Ich studiere das Programm in der Absicht, dem Problem direkt ins Auge zu schauen. Ich lese etwas von »spirituellen Heilkräften«, finde »Heiligen Platz« und einen »ruhigen Himmel für Yoga und Tai Chi«. Das klingt nicht gerade nach einem Ort für Rabauken. Vielleicht ist Treasure also doch sicher. Trotzdem steht mir ein entsetzliches Wochenende bevor. Ich werde es mit spannenden Unternehmungen füllen, um meine grauenhaften Vorstellungen zu verbannen. Ich habe mir sagen lassen, daß irrationale Ängste und Überfürsorge neben meiner Inkonsequenz meine anderen großen Fehler sind.

Treasures Zeitplan

Treasure hat absolut nichts übrig für Routine. Ihr Zeitplan ist abhängig von ihrer Laune – Nudeln zum Frühstück, Schlafen am Nachmittag, Baden am Mittag, den Hund ausführen um zehn Uhr abends. Die einzige Regel, an die sie sich hält, ist Unmittelbarkeit. Sobald die Lust befiehlt, muß ihr gehorcht werden. Und zwar umgehend. Diese Spontaneität kollidiert häufig mit meinem Zeitplan.

Treasure kennt meine Pläne nicht immer. Wie könnte sie auch? Woher soll sie wissen, daß ich, nachdem ich gestaubsaugt, den Hund ausgeführt und eingekauft habe, mich an eine wichtige schriftliche Arbeit setzen möchte? Ich nehme gerade einen Stift in die Hand, als Treasure von einer Laune gepackt wird.

»Mama«, ruft sie in dringendem Tonfall. »Würdest du bitte kommen und mich in Geschichte abfragen?« Sie hat gerade das Bad verlassen und steht in Handtüchern eingewickelt da – ein unpassendes Outfit.

»Ich habe gerade hiermit angefangen«, sage ich vernünftig.

»Ich habe eine Stunde gewartet«, faucht Treasure. »Würdest du jetzt bitte kommen?« Für sie sieht es so aus, als würde ich absichtlich ihre Fortschritte sabotieren. Diese Zusammenstöße erleben wir öfters. Das Geräusch einer Schreibmaschine oder meine Stimme beim Telefonieren erinnern Treasure häufig daran, daß ihr Zeitplan meine Kooperation erfordert.

Ich telefoniere gerade mit einem kranken Freund. Nachdem er eine Woche mit Grippe außer Gefecht gewesen war, hoffte er auf ein ausführliches Schwätzchen. Treasures Zeitplan läßt dies nicht zu. Ihre Freundin bleibt über Nacht und braucht sofortige Aufmerksamkeit.

»Lizzie hat ein Ekzem«, kündigt sie eine plötzliche und unaufhaltbare Katastrophe an. »Sie braucht diese Salbe. Würdest du bitte kommen und sie suchen?« Treasure reagiert wie ein Pawlowscher Hund. Ich telefoniere mit einem Freund, also braucht sie sofortige medizinische Hilfe. Sie steht da und blickt finster.

»Lizzies Ekzem tut wirklich weh«, sagt sie und ist entsetzt, daß ich ein krankes Kind vernachlässige, um mit einem Mann zu plaudern. Sie wirft mir einen haßerfüllten Blick zu. »Mach nur weiter. Das ist schon richtig. Laß dich nicht von Lizzie stören.«

Ich verzichte auf das Telefongespräch und eile ins Krankenzimmer. Eine winzige Stelle an Lizzies Augenlid ist leicht gerötet. Ich rate, weniger Augen-Make-up zu nehmen. Ich kann die Salbe nicht finden, aber das scheint egal zu sein. Jetzt, da ich mich kümmere, bin ich nicht länger gefragt. Treasure und Lizzie gehen aus.

Ich würde gerne die Pläne fürs Wochenende diskutieren, aber Treasure kann nicht. Sie hat jetzt keine Zeit. Sie weiß es sowieso noch nicht. »Ich muß jetzt weg«, faucht sie mich an. »Ich hab's eilig.« Ihr Zeitplan ist äußerst anspruchsvoll und wenig flexibel. Er erlaubt ihr kaum, mit ihrer Mutter zu sprechen.

Häufig versuche ich, die Wochenendpläne im voraus zu machen. Ohne vorheriges Wissen von Treasures Zeitplan ist es schwierig, meinen eigenen zu gestalten. Ich bitte Treasure um Auskunft.

»Ich weiß nicht. Laß mich in Ruhe, ich bin beschäftigt.« Treasure hat nicht eine Minute Zeit. Sie muß *Neighbours* gukken / Rosie anrufen / Kleider anprobieren / zu Lizzie gehen / Chloe zurückrufen. Sie kann unmöglich mit mir reden.

Manchmal plane ich für mich aufs Geratewohl, als wäre ich ein freier Mensch, der nach Belieben ausgehen könnte. Mein Ausflug kollidiert mit Sicherheit mit Treasures Zeitplan. Häufig muß ich von unterwegs anrufen, um mich über den neuesten Stand von Treasures Zeitplan zu informieren: wo sie hingeht, wie lange sie bleibt, wie sie von einem gottverlassenen Loch nach Hause kommt, wann ich sie abhole. Meine Freunde höhnen und spotten mittlerweile. »Nur mal anrufen, um nachzuprüfen«, mokieren sie sich. »Sie ist gerade wieder nachprüfen.« Dieser Satz ist inzwischen zum geflügelten Wort geworden.

Die Freunde haben leicht spotten. Sie selbst sind Eltern von Jungs, die selten ausgehen oder reden oder an Liebesgeschichten denken. Sie sitzen zu Hause herum und wirken ziemlich eingeschnappt. Manchmal leisten sie sogar den Erwachsenen beim Abendessen Gesellschaft, schauen kritisch und setzen der Konversation Grenzen. Vielleicht brauchen sie einen etwas umfangreicheren Zeitplan.

Treasure und der Nimbus des Weiblichen

Treasure hat eine weiße und empfindliche Haut. Bereits ein paar Minuten in der prallen Sonne genügen, um sie rot werden zu lassen und Treasure tagelang entsetzliche Schmerzen zu bereiten. Sie steht jetzt vor einem Dilemma: der Sommer naht und damit auch die Zeit für nackte Beine. Treasures sind kalkweiß. Sie wird sie in dieser Verfassung nicht zeigen wollen, und sie kann niemals das Risiko einer echten Sonnenbräune eingehen.

Folglich beschließen sie und Rosie ihre Beine unverzüglich zu bräunen. Dieser Akt wird eingeleitet mit einer Telefonberatung am frühen Abend, bei der die beiden verschiedene Cremes miteinander vergleichen. Die Creme muß um acht Uhr abends aufgetragen werden. Treasure ist ganz aus dem Häuschen und schmiert sich am ganzen Körper ein. Um zehn Uhr packt sie die Verzweiflung. Rosie hat angerufen und verkündet, daß ihre Bräune langsam durchkommt, aber Treasures Haut bleibt weiß wie die Wand.

»Es wirkt nicht«, jammert sie und starrt auf ihre Beine. Wir entdecken, daß Treasures Selbstbräunungscreme fünf Stunden Einwirkzeit hat, während Rosie eine benutzt hat, die nur drei Stunden braucht. Treasures Ergebnis wird sich also nicht vor ein Uhr nachts zeigen. Mißgelaunt geht sie ins Bett, um am andern Morgen mit goldenen Beinen, einem etwas blasseren Körper und fleckigen Knöcheln aufzuwachen. Das Ergebnis ist mehr oder weniger ein Erfolg. Treasure bedeckt ihre Knöchel mit Söckchen.

Ich erzähle Mrs. B. von der Selbstbräunungsaktion, während wir mit dem Hund spazierengehen. Sie ist außer sich. »Ich halte es für tragisch«, dröhnt sie laut durch den Park, »daß man schon so früh mit seinem Körper unzufrieden ist. Erst vierzehn, und sie verändert ihn schon.«

Mein Bericht über Körperenthaarung steigert Mrs. B.s Entsetzen noch. »Mein Gott«, schimpft sie und trampelt den sonnigen Pfad entlang. »Es ist natürlich, daß man Haare unter den Achseln hat.« Leute bleiben stehen und glotzen. Sie glauben, sie haben eine Feministin entdeckt. Mrs. B. brüllt weiter, zur Freude der Beobachter. »Ich habe noch nie Make-up benutzt«, gellt sie. »Ich finde es so verdammt lächerlich.«

Später beim Kaffeetrinken erwähnt Mrs. B., daß sie bei jedem ihrer Besuche bei uns die Beobachtung gemacht hat, daß Treasure in irgendeiner Weise mit ihrer Schönheit oder dem weiblichen Mysterium beschäftigt war. Heute hat Treasure ihr Haar getönt und erscheint mit einem schicken Turban. Sie bestätigt damit Mrs. B.s Meinung. Es ist eine Enttäuschung für sie nach fünfzig Jahren Kampf für den Feminismus.

Zum Glück für Mrs. B. ist ihr Kind ein Junge. Wäre es ein Mädchen, behaupte ich, hätte es gegen ihr Vorbild rebelliert und sich zu einer überzeugten Mieze entwickelt. Was für ein Glück, daß ich kaum Kleider getragen habe, als Treasure noch klein war. Hätte ich es getan und mich mit Make-up zugekleistert und mit Ohrringen und schicken Handtaschen behängt, wäre Treasure jetzt vielleicht unheimlich blaß und behaart, mit Overall und Bürstenhaarschnitt, so ähnlich wie ich in meiner Jugend. Grandma würde sich umbringen. Aber trotz Mrs. B.s Gerede kann ich Treasures Stil nicht mißbilligen.

Vor Jahren habe ich versucht, Modelleisenbahnen und eine Auswahl von geschlechtsneutralen Spielzeugen einzuführen, aber Treasure stürzte sich auf Barbiepuppen und spielte jahrelang mit nichts anderem, ermutigt durch die Mädchen von nebenan. Unser Haus war eine einziges großes Barbie-Zimmer. Dann folgte Treasure allmählich dem Beispiel dieser Kreaturen. Ihr Ziel war immer glänzendes Haar, eine makellose Haut, eine kurvenreiche Figur und ein topaktueller, gefüllter Kleiderschrank. Sie hat sich niemals auch nur ansatzweise für Modelleisenbahnen oder Scrabble interessiert.

Grandma und Grandpa waren von Treasures Neigung immer hochgradig begeistert. Sie war das süße kleine Mädchen, das ich nicht gewesen war. Sie und Grandma haben oft zusammen Modenschau gespielt, in Kleidern, Accessoires, Schmuck, Make-up und Lockenwicklern. Mich hätte man bei so was nicht erwischen können. Ich trieb mich im Schuppen mit einem Taschenmesser herum. Niemand hätte auch nur das Wort »Locken« in den Mund nehmen dürfen. Also hat das Goldstück Grandma glücklich gemacht. Die Großeltern starrten entzückt auf Treasure und konnten ihr Glück kaum fassen. Sie hatten einen Engel in ihrem Wohnzimmer. Jetzt, da Treasure älter ist, taucht der Engel weniger häufig auf.

Die Großeltern sind nicht Treasures einzige Bewunderer. »Du solltest versuchen, als Model zu arbeiten«, stachelt der Friseur als einer von vielen Treasure an. Sie ist total wild darauf. Es wurmt sie ziemlich, daß ich nicht schon kräftig dabei bin, ihre Karriere als Model zu organisieren.

»Warum unternimmst du nichts?« faucht sie mich an. »Alle sagen, ich könnte es, aber DU läßt mich nicht.«

Ich sehe das Schicksal voraus. Treasure, berauscht von Ruhm und Reichtum, wird von Laufsteg zu Laufsteg flattern, ihr Hirn bar jeden Wissens. Mir kommt meine Diskussion mit Mrs. B. wieder in den Sinn, und dabei wird mir klar, daß ich sie nur um so mehr ansporne, wenn ich ihr gewähltes *Metier* mißbillige. Sie darf als Model arbeiten, sage ich, unter der Bedingung, daß sie nicht eine einzige Stunde in der Schule verpaßt. Sie darf, wenn sich die Möglichkeit ergibt, in den Ferien und am Wochenende als Model arbeiten.

Ich wage nicht, Mrs. B. gegenüber auch nur ein Sterbenswörtchen von Treasures Model-Karriere zu erwähnen, ebensowenig wie von Treasures Lektüreauswahl. Sie liest nichts anderes mehr als ihre Teenager-Zeitschriften. Einer meiner Freunde, der zu Besuch kam und gedankenlos durch die Seiten blätterte, stieß auf einen Artikel über Sommersex. Er war entsetzt. »Liest deine Tochter das?« fragte er und konnte den Blick nicht von dem Heft lösen. Der Artikel war ungeheuer informativ. Jeder einzelne Körperteil, der irgendwie am Sommersex teilnehmen konnte, war offen erklärt, etwa so, als spräche man über die Funktionsweise einer Nähmaschine oder über Artischocken.

Mrs. B. lag falsch mit dem Mysterium. Es gibt keines mehr, weder ein feminines noch sonst irgendeines. Jede Funktion von jedem Teil von jedem Organ von Krethi und Plethi ist klar beschrieben. Immer wieder leiern Treasures Zeitschriften die Lieblingsthemen herunter: Orgasmus, feuchte Träume, Masturbation und oraler Sex. Irgendwie finde ich das ziemlich abstoßend. Ich frage Treasure und ihren Freund Robert, ob sie ein derart detailliertes Wissen für wirklich notwendig halten.

»Wissen ist Macht«, sagt Robert freundlich, als wir am Küchentisch sitzen. »Sie wollen uns doch nicht ahnungslos lassen?« Beide grinsen. Ich frage mich, ob es irgendwelche anderen Bereiche gibt, die sie mit der gleichen Gewissenhaftigkeit studieren würden. Als Mrs. B. nach Hause kam, verlangte *ihr* Sohn, daß sie ihn in die Bibliothek fährt. »Ich möchte mir was von Kafka ausleihen«, sagte er.

Selbstverständlich war Mrs. B. tief beeindruckt. Vielleicht hat sie recht, und der moralische Standard ist bei uns ziemlich lasch. Ihr Sohn ist beängstigend streng. Er hat ein striktes Verbot über kapitalistische Presseerzeugnisse verhängt. Mrs. B. berichtet mir ziemlich stolz, daß er ihr absolut verboten hat, auch nur einen Blick in den *Sunday Telegraph* zu werfen, der nützlicherweise das Fernsehprogramm der gesamten Woche enthält. Ein Freund hatte die Zeitung mitgebracht. (Mrs. B. darf sie nicht kaufen.) Sie könnte sich eine Fernsehzeitschrift mit der Programmübersicht sparen, wenn ihr Sohn nur einen Funken liberaler wäre.

Dieser Vorfall läßt mich meine Meinung wieder ändern. Vielleicht ist unser von den Übeln der modernen Welt großzügig heimgesuchtes Haus doch besser. In dieser Woche will ich meinem Haar eine auffallende Farbtönung verpassen.

Treasures kultivierte Seite

Heute teilen Treasure und ich einige wenige Momente der Erbauung und Harmonie. Wir spielen zusammen Geige und Piano. Treasure hat sich seit Jahren auf dem Streichinstrument abgemüht, und jetzt, mehrere tausend Pfund und fünf Geigenlehrer später, ernten wir die Früchte ihrer Arbeit. Es ist die Sache wert gewesen, überlege ich, als sie durch Schubert zieht, die Satzmelodie goldrichtig, der Klang wunderbar. Ich finde, daß ich sie auf sehr einfühlsame Weise begleite.

»Spiel lauter«, kommandiert Treasure. Sie versteht sich noch nicht ganz auf die Kunst des zivilen Umgangs mit ihrer Begleitung.

Ich spiele lauter.

»Du spielst nicht laut genug.« Treasure schaut gequält. Sie sieht in mir den Saboteur. »Du spielst einfach nicht so schön wie sonst. Was ist mit dir los? Spiel lauter.«

Ich hämmere wie wild auf das Piano ein. »Laut genug?« schreie ich.

»Nein«, kreischt Treasure. »Du machst das absichtlich.«

Ich habe Treasure schon oft erzählt, daß Kammermusik geteilte Freude sein soll und daß ich beim ersten Hinweis auf beleidigendes Benehmen ihrerseits den Raum verlasse. Ich erhebe mich von meinem Klavierstuhl.

»Wo willst du hin? Ich war nicht unhöflich.« Treasure spricht ruhig und drohend, starr vor unterdrückter Wut. Sie hält ihren Bogen wie eine Kettensäge. Sie beißt die Zähne zusammen. »Ich möchte Mozart spielen«, sagt sie, jede Silbe einzeln hervorstoßend.

»In Ordnung.« Es ist schwer, Mozart zu spielen, während man innerlich vor Wut schäumt. Wir geben auf. Das tun wir meistens. Gelegentlich schaffen wir fünfzehn Minuten der Freude, aber jeder Versuch meinerseits, Anweisungen zu erteilen, führt bei ihr zu einem Wutanfall und damit zu vorzeitiger Auflösung des Duetts. Wenngleich musikalisch hochqualifiziert, bin ich dazu verdammt, mir ruhig und still anzuhören, wie Treasure die punktierten Viertelnoten massakriert.

Es ist das Timing, das das Werk mißlingen läßt. Treasure weigert sich, in meiner Gegenwart den Takt zu zählen. Sie weigert sich, überhaupt zu zählen. Sie zählt mich nicht rein. Sie stürzt in die Melodie, und ich muß mit dem Rücken zu ihr sitzend raten, wann der Sprung kommt und dann da sein.

»Du zählst«, röhrt Treasure. »Zähle. EINS, ZWEI.«

Ich muß sie reinzählen, aber ich darf niemals verzwickte Stücke durchzählen. Treasure überfliegt diese mit Vorliebe und tut so, als wäre das so in Ordnung. Aber jetzt, da ihre Fähigkeiten wachsen, tauchen Melodien in Moll und Terzen und verzwickte Stücke überall auf. Wenn Treasure gezwungen ist, sich damit auseinanderzusetzen, bricht sie zusammen oder heult ein bißchen und flüchtet sich in die Sicherheit von Sofa und Fernsehen. Unsere Duetts werden immer riskanter.

Manchmal versuche ich, allein zu spielen. Ich vergieße Freudentränen über ein Stück von Chopin, das ich gerade entdeckt habe, als Treasure ärgerlich reingetrampelt kommt. »Kannst du das Stück bitte *nicht* spielen? Es ist entsetzlich. Können wir meinen Schubert spielen?«

Es gibt nichts, das sie zum Üben bringt, außer ich versuche, allein zu spielen. Treasure möchte rein, der Hund will raus, der Untermieter bekommt einen Wutanfall, weil er das ungespülte Geschirr entdeckt, und die Nachbarin braucht etwas Milch. Offensichtlich ist mein Platz in der Bordküche.

Manchmal nehme ich meine Schürze ab und krieche hinaus, um zu lauschen, wenn Treasure und ihr Geigenlehrer allein sind. Göttliche Töne schweben durch das Schlüsselloch, schwierige Stücke werden wiederholt, unterbrochen von Gelächter. Wahrscheinlich ist es die Sache wert. Vielleicht werden Treasure und ich in ein paar Dekaden, wenn diese Phase vorbei ist und ich fast tot bin, ganze Musikabende zusammen gestalten. Zumindest hin und wieder.

Lust am Lesen

Duygu Asena

Die Frau hat keinen Namen

Eine Türkin entdeckt die Folgen des kleinen Unterschieds. Aus dem Türkischen von Barbara Yurtdaş. 174 Seiten. SP 1485

Duygu Asena

Meine Liebe, deine Liebe

Roman. Aus dem Türkischen von Barbara und Ali Yurtdaş. 216 Seiten. SP 1792

Nicole de Buron

Ein Koffer voller Leben

Aus dem Französischen von Barbara Scriba-Sethe. 287 Seiten. SP 843

Mit Ironie, Tempo und pointierter Exaktheit zeigt Nicole de Buron in ihrem Erinnerungsroman, wie man gelassen und heiter die reifen Jahre angehen kann.

Meredith Daneman

Die Favoritin

Roman. Aus dem Englischen von Erica Ruetz. 170 Seiten. SP 2161

Meredith Daneman erzählt diese »Parallelen der Liebe« über zwei Generationen mit so viel Lebensklugheit und Charme, daß sich die Leserin darin mühelos wiederfindet.

»Witzig, mit scharfem Blick, sympathisch.«

The Times

Lucy Ellmann

Verschiedene Grade von Hoffnungslosigkeit

Roman. Aus dem Englischen von Erica Ruetz. 195 Seiten. SP 1665

Michèle Fitoussi

Zur Hölle mit den Supermännern

Roman. Aus dem Französischen von Michaela Meßner. 147 Seiten. SP 1903

»Das ist göttlich! In der Sonne im weichen Sand liegen und alles vergessen, weil man in einen fesselnden Roman von Liebe und Leidenschaft versunken ist. Dabei ist die Heldin so lebensnah, daß man ihr im nächsten Café begegnen könnte.«

Flair

Gaby Hauptmann

Suche impotenten Mann fürs Leben

Roman. 315 Seiten. SP 2152

Gaby Hauptmann ist das Kunststück gelungen, das Thema »Frau sucht Mann« von einer gänzlich anderen Seite aufzuziehen und daraus eine fetzige und frivole Frauenkomödie zu machen.

Lust am Lesen

Ulla Fröhling

Nur noch einmal

Erotische Geschichten. 165 Seiten. SP 2019

Viele gelüstet es nach einer großen Menge – sei es an Männern, Nudeln, Morden oder Katzen –, und nur wenige sind so bescheiden wie Margarethe, die sich erst zu ihrem 80. Geburtstag noch einmal einen Luxus leisten möchte: einen nackten Mann.

Anna-Leena Härkönen

Aquariumsliebe

Roman. Aus dem Finnischen von Anu Pyykönen-Stohner. 166 Seiten. SP 1791

Pam Houston

Bei Cowboys werd ich schwach

Stories. Aus dem Amerikanischen von Carina von Enzenberg. 213 Seiten. SP 1571

Susanne Mischke

Freeway

Roman. 219 Seiten. SP 2191

Carmen Rico-Godoy

Perfekte Frauen haben's schwer

Roman. Aus dem Spanischen von Volker Glab. 196 Seiten. SP 1576

»Eine Geschichte, dem Leben abgelauscht, voller Witz, Tempo und prickelnder Ironie.«

El País

Schau mir in die Augen, Kleiner

Liebesgeschichten. Herausgegeben von Irene Nießen. 228 Seiten. SP 2137

Jenefer Shute

Schwerelos

Roman. Aus dem Englischen von Hanna van Laak. 247 Seiten. SP 1708

Franziska Stalmann

Champagner und Kamillentee

Roman. 230 Seiten. SP 1541

Claude Tardat

Die sanfte Süße des ewigen Honigs

Roman. Aus dem Französischen von Gisela Lerch. 138 Seiten. SP 1583

»...ein lesenswertes, eigenwilliges Buch, das trotzig und poetisch die Rebellion gegen die Fratzen der Schönheit feiert.«

Die Zeit

Barbara Yurtdaş

Wo auch ich zu Hause bin

Eine türkisch-deutsche Familiengeschichte. 212 Seiten. SP 1638

Lust am Lesen

Nick Cave

Und die Eselin sah den Engel

Aus dem Englischen von Werner Schmitz. 326 Seiten. SP 1869

»Eine wirklich grandiose Geschichte – ein modernes Epos«

Elle

Rick DeMarinis

Das Jahr des Zinkpennys

Roman. Aus dem Amerikanischen von Hans M. Herzog. 181 Seiten. SP 1709

»Wie ein Elfjähriger sich seine Umgebung deutet, wie er sich das Erwachsensein vorstellt, wie er die Verletzungen seiner frühen Kindheit wegsteckt, seine Niederlagen verschmerzt – das zeigt die Geschichte von Trygve Napoli auf überzeugende Weise. Es gibt viel Grund zum Staunen und zum Lächeln in seiner Geschichte. Aber es gibt kein Happy-End.«

Brigitte

Rick Moody

Der Eissturm

Roman. 317 Seiten. SP 2277

»... Sehr subtil geschrieben ... Ein Buch, das mir sehr viel Spaß gemacht hat.«

Marcel Reich-Ranicki

Rick Moody

Garden State

Roman. Aus dem Amerikanischen von Michael Hofmann. 223 Seiten. SP 1811

Das Debüt der neuen literarischen Entdeckung aus den USA: Eine atmosphärisch dichte Milieustudie der jungen Erwachsenen der neunziger Jahre in der amerikanischen Provinz.

Laren Stover

Pluto, der Tierfreund

Roman. Aus dem Amerikanischen von Sabine Roth. 147 Seiten. SP 2058

»Wenn Raymond Carver einfach nur ein bißchen verrückter gewesen wäre und noch lebte oder Stephen King wirklich schreiben könnte, hätte jeder von ihnen stolz sein können, wenn ihm ein Buch wie ›Pluto, der Tierfreund‹ gelungen wäre«, pries die New York Times Book Review diesen vielbeachteten Erstlingsroman.

»Eine Breitseite der Generation X gegen die gescheiterten Ideale der sechziger Jahre.«

The New York Times

Robert Westbrook

Die Kids von Beverly Hills

Roman. Aus dem Amerikanischen von Ulrich Hoffmann. 288 Seiten. SP 1813

Thriller, Liebes- und Familiengeschichte in einem – ein schnelles, spannendes, witziges Buch.